Mein allererstes
großes Lexikon

© Published by arrangement with Kingfisher Publications Plc
New Penderel House
283-288 High Holborn
London WC1V 7HZ

Editor: Katie Puckett
Designer: John Jamieson
Managing Editor: Miranda Smith
Activity illustrations: Gina Suter
Additional design: Joanne Brown
DTP co-ordinator: Nicky Studdart
Production controller: Kelly Johnson
Artwork archivists: Wendy Allison, Steve Robinson
Indexer: Sue Lightfoot

© der deutschsprachigen Ausgabe: gondolino
in der Gondrom Verlag GmbH, Bindlach 2003
Übersetzung: Dieter Krumbach, Nürnberg
Satz: DTP, Johanna Boy, Brennberg
Umschlaggestaltung: Kraft & Partner, Leimen

ISBN: 3-8112-2208-2

Der Umwelt zuliebe gedruckt auf chlorfrei gebleichtem Papier.

Mein allererstes großes Lexikon

Angela Wilkes

gondolino

Inhalt

Seiten 8–39
Das Weltall
Lerne die Planeten und Sterne des Weltalls und die Raumfahrzeuge kennen, mit denen wir das Universum erforschen.

Seiten 72–101
Leben in der Urzeit
Reise zurück in die ferne Vergangenheit, als das Leben auf der Erde entstand und die Dinosaurier existierten. Du triffst hier auch die ersten Menschen.

Seiten 102–131
Pflanzen
Entdecke Pflanzen aus allen Erdteilen. Wie wachsen sie? Du erfährst alles – vom Samen bis zum Baum, von Urwaldpflanzen bis zu den Pflanzen im Garten.

Seiten 132–163
Tierwelt
Lerne die spannende Tierwelt bei uns, im Meer und den tropischen Sümpfen kennen – von geharnischten Echsen über Riesenschildkröten bis zu schillernden Insekten.

Seiten 40–71
Unsere Welt
Gehe auf eine abenteuerliche Reise über Gebirge und Flüsse, durch Regenwälder und Sümpfe, vom Nordpol bis in die heißen Wüsten.

Seiten 164–193

Vögel und Säugetiere

Die ganze Tiervielfalt unserer Erde ist hier beschrieben: Wie jagt ein Tiger, wie fliegt ein Vogel und wie hüpft ein Känguru?

Seiten 224–253

Menschen und Orte

Wie wohnen und arbeiten die Menschen in den verschiedenen Ländern der Erde? Lerne ihre Feste und Gebräuche kennen.

Seiten 254–283

Verkehrsmittel

Wir fahren mit Fahrrädern, aber auch mit Rennwagen. Lastwagen und Züge transportieren Güter, wir verreisen mit dem Zug oder mit dem Flugzeug.

Seiten 194–223

Dein Körper

Lerne, wie hart dein Körper arbeiten muss, damit du gesund bleibst. Was passiert im Körper, wenn du isst, springst oder einfach nur schläfst?

Seiten 284–288

Register und Danksagungen

Zu diesem Buch

Mein allererstes großes Lexikon bietet eine Fülle von Informationen über unsere Welt. Du findest Interessantes über Tiere und Pflanzen, Verkehrsmittel, Menschen und Städte, den Weltraum und vieles mehr.

Auf manchen Seiten sind besondere Aktivitäten beschrieben: Viele Dinge kannst du selber basteln, als Puzzle zusammensetzen oder als Experiment gestalten. Das Register am Ende des Buches hilft dir dich schnell über einen gesuchten Begriff zu informieren.

Angela Wilkes

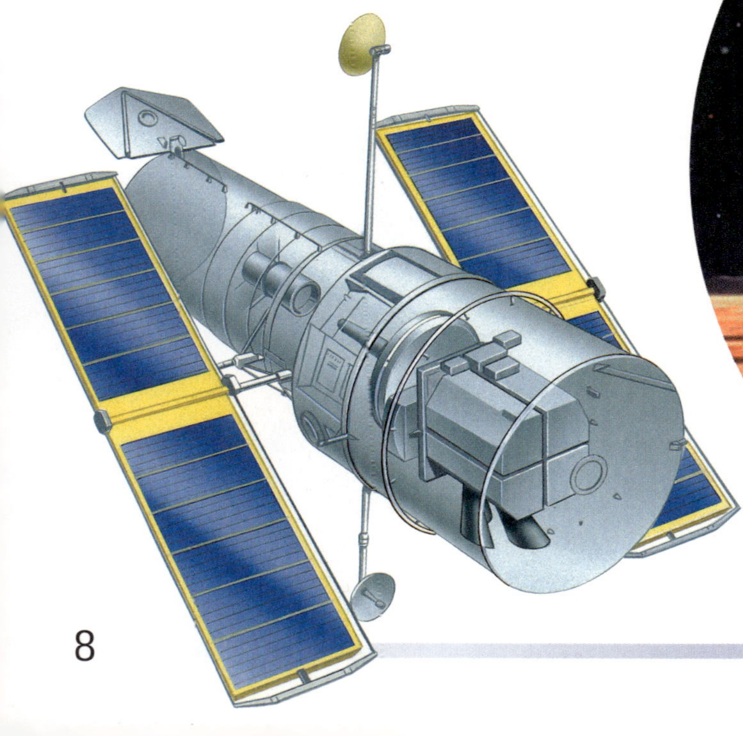

Das Weltall

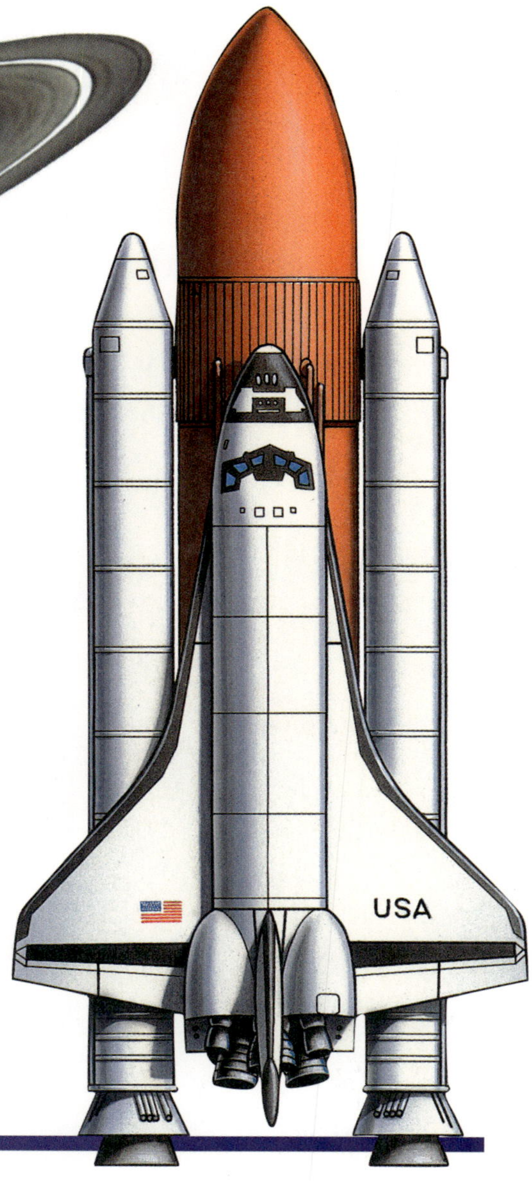

Das Weltall

Alles, was es gibt, gehört zum Weltall: die Erde, der Mond, die Sonne und alle Sterne. Das Weltall ist riesig. Niemand weiß, wie groß es ist, wo es anfängt und aufhört.

Einige rote Riesensterne werden zu gewaltigen Supersternen.

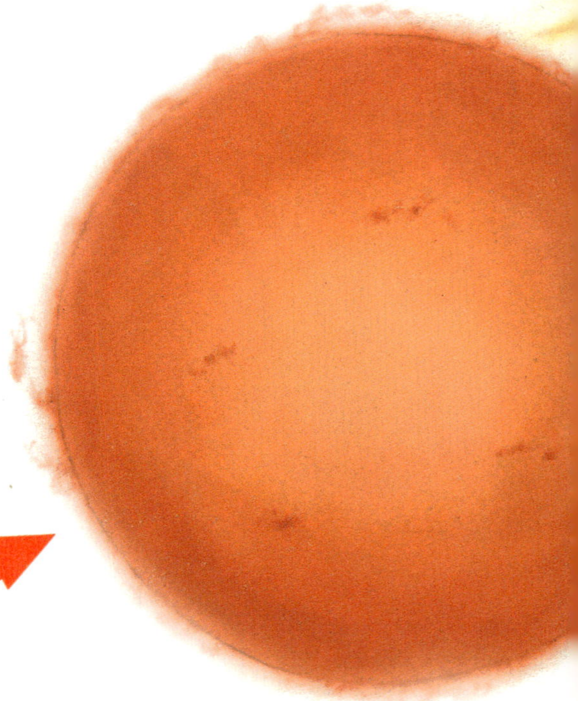

Das Weltall besteht aus Milliarden von Sternen. Sterne sind riesige Kugeln aus brennendem Gas. Immer wieder werden neue Sterne aus Staub- und Gaswolken geboren. Alte Sterne verblassen und werden kalt.

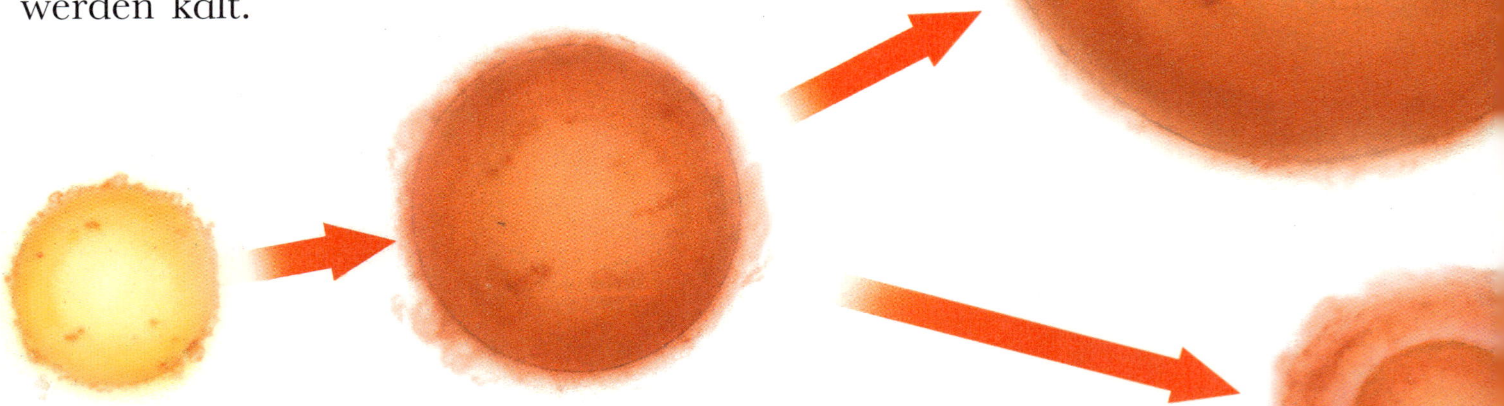

Ein Stern kann Milliarden Jahre alt werden.

Dann bläht er sich auf und wird zu einem roten Riesen.

Die äußeren Schichten des Sterns gelangen teilweise ins Weltall.

Wenn ein Riesenstern stirbt, entsteht in einer gewaltigen Explosion eine Supernova.

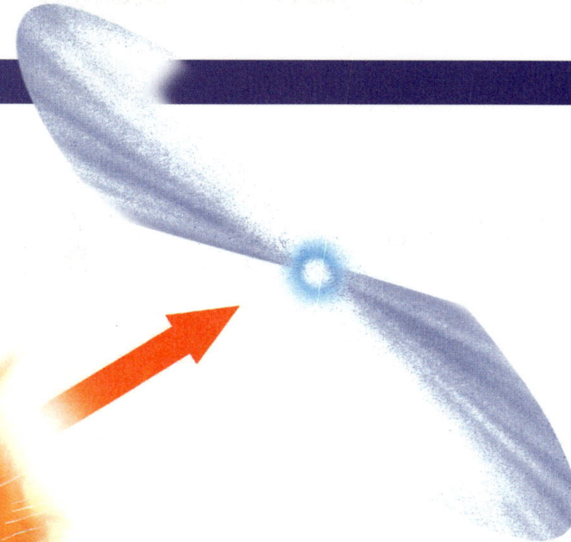

Nach einer Supernova bleibt manchmal ein kleiner sich drehender Körper übrig.

Aus einer Supernova entsteht manchmal ein schwarzes Loch. Es verschluckt alles um sich herum.

Vom Stern bleibt nur noch ein toter Kern übrig. Man nennt ihn einen weißen Zwerg. Dieser wird langsam kalt und erlischt.

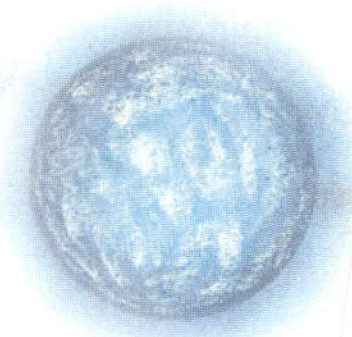

Millionen Jahre danach ist vom Stern nur noch eine kalte schwarze Kugel geblieben.

Der Nachthimmel

In einer klaren Nacht siehst du den ganzen Himmel voller Sterne. Viele bilden Figuren: die Sternbilder. Vor langer Zeit gaben die Menschen ihnen Namen um sie besser wieder zu erkennen.

Die Astronomen benutzen Teleskope um die Sterne und das Weltall besser untersuchen zu können.

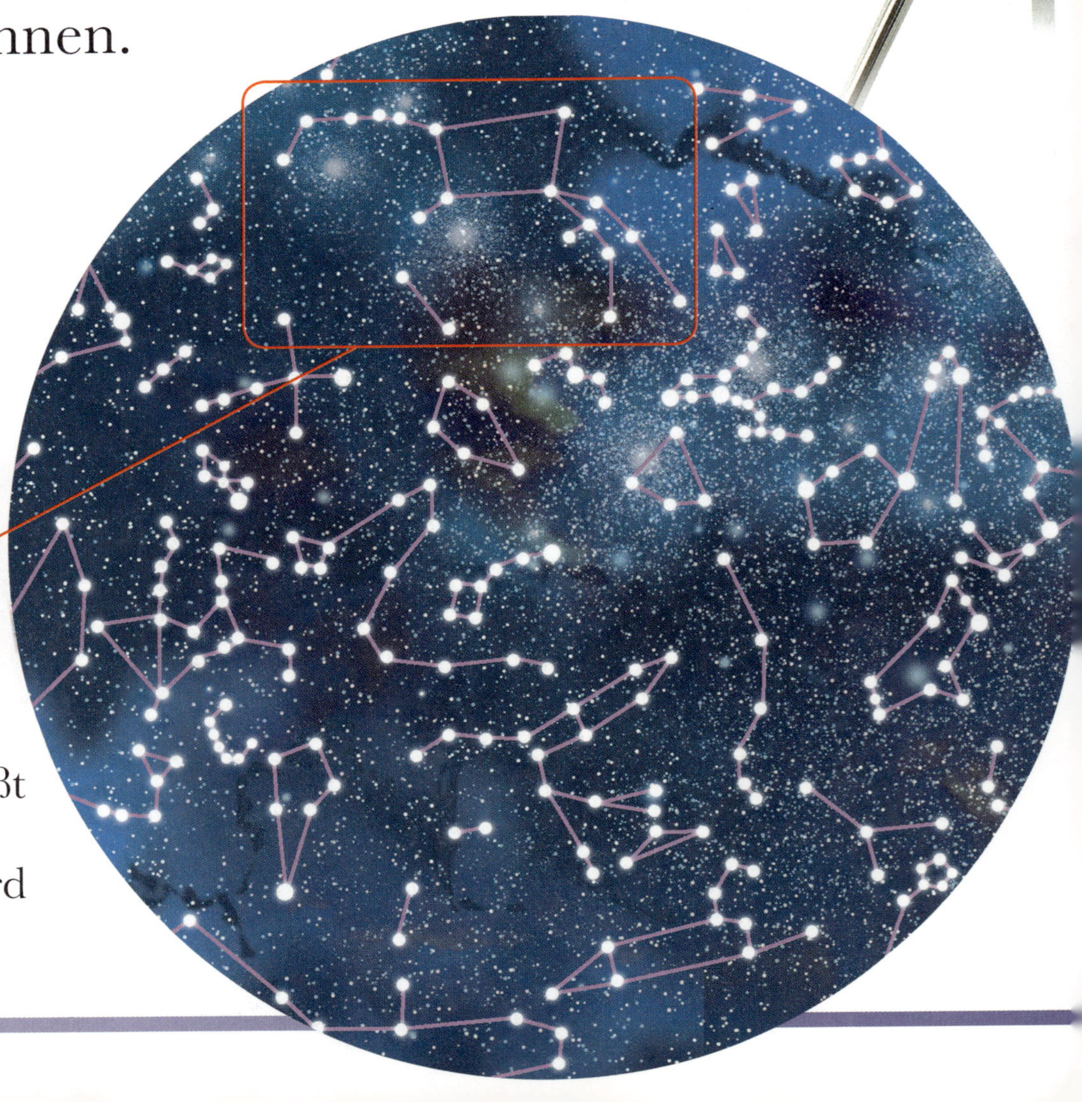

Die Menschen auf der Nordhalbkugel der Erde sehen den Sternenhimmel so.

Dieses Sternbild heißt Pegasus, da es dem geheimnisvollen Pferd ähnelt.

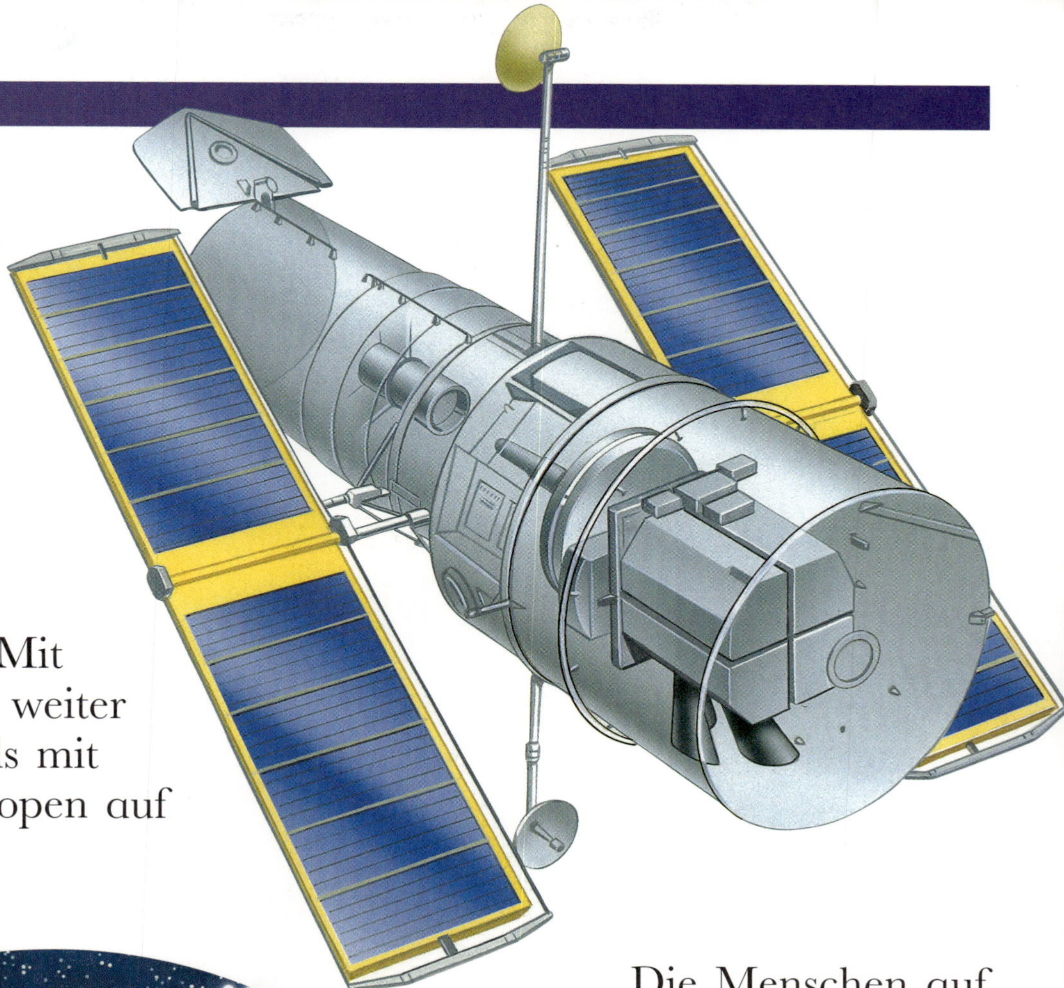

Das Hubble Weltraumteleskop umkreist die Erde. Mit ihm kann man viel weiter ins Weltall sehen als mit den größten Teleskopen auf der Erde.

Die Menschen auf der Südhalbkugel der Erde sehen einen ganz anderen Sternenhimmel. Dort leuchten viele besonders helle Sterne.

Dieses Sternbild wird Kreuz des Südens genannt.

Galaxien

Das Weltall besteht aus riesigen Sternenhaufen, den Galaxien. Jede Galaxie besitzt Milliarden von Sternen. Unser Planet Erde und die Sonne liegen am Rand einer Galaxie, die Milchstraße oder Galaxis heißt.

Wenn du in den sternenklaren Himmel blickst, erkennst du ein schwach leuchtendes Band von Sternen. Dies ist ein Teil der Milchstraße. Unsere Galaxis sieht wie eine Spirale aus Sternen aus, die sich langsam um eine dichte Sternengruppe in der Mitte dreht.

Das Zentrum einer Galaxie wird Kern genannt.

Neue Sterne
entstehen aus
Gas und Staub.

MAL UNSERE GALAXIS!

Male mit Weißleim eine Spiralgalaxie auf einen großen schwarzen Karton. Dann streue Flitter auf den Leim. Nun stellst du den Karton senkrecht, damit lose Teile abfallen. Wenn der Leim trocken ist, kannst du das Galaxis-Bild an die Wand hängen.

Galaxien können verschiedene Formen und Größen haben. Hier siehst du die drei häufigsten Typen.

Spiralgalaxie

Elliptische
Galaxie

Unregelmäßig
geformte Galaxie

Das Sonnensystem

Ständig kreist eine Gruppe von Planeten, Monden, Kometen und anderen kleineren Himmelskörpern um die Sonne. Sie bilden das Sonnensystem. Es hat neun Planeten, die aus Gesteinen, Flüssigkeiten, Metallen und Gasen bestehen.

Die Planeten unseres Sonnensystems sind Millionen von Kilometern voneinander entfernt. Sie sind sehr verschieden. Merkur ist der Sonne am nächsten, Pluto am weitesten weg. Jupiter ist der größte Planet – er ist so riesig, dass alle anderen Planeten in ihn hinein passen würden.

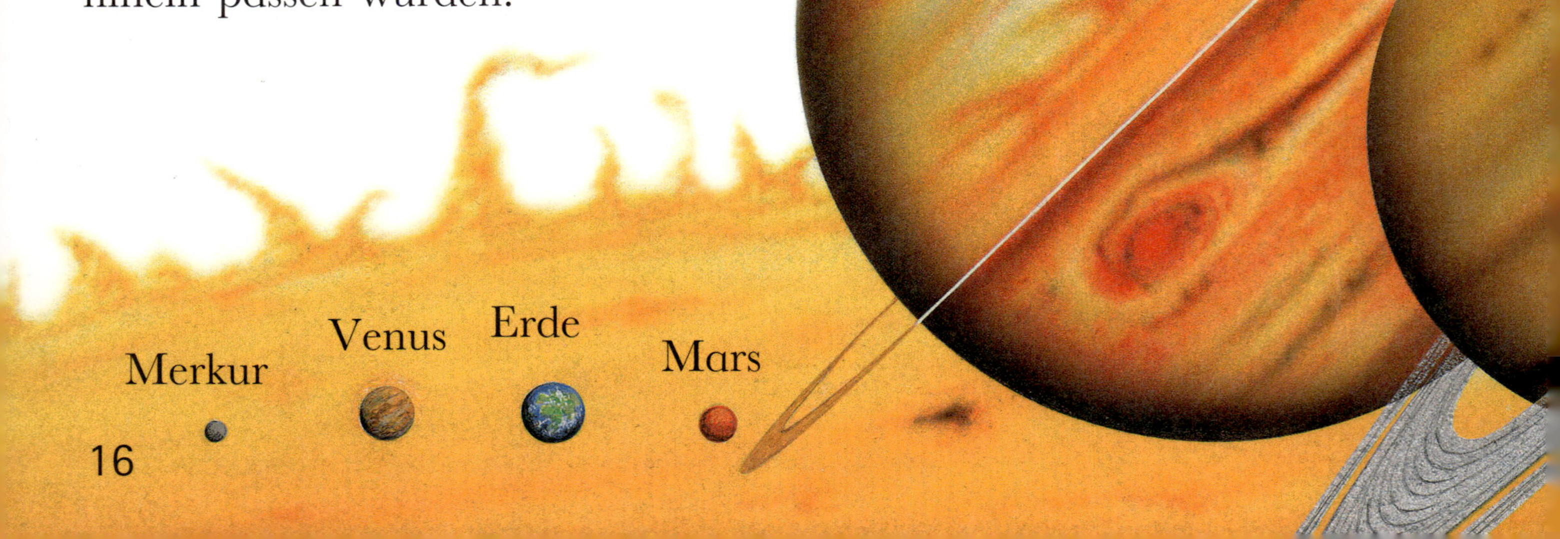

Die Sonne, die Planeten und ihre Monde drehen sich alle um sich selbst. Die Planeten drehen sich zusätzlich um die Sonne. Diese Bewegung um die Sonne wird Umlaufbahn genannt.

EIN PLANETARIUM

Zeichne die Sonne und ihre Planeten auf Karton. Dann male sie bunt an und schneide sie aus. Wenn du Bindfäden anklebst, kannst du sie in der richtigen Reihenfolge neben der Sonne an die Zimmerdecke hängen.

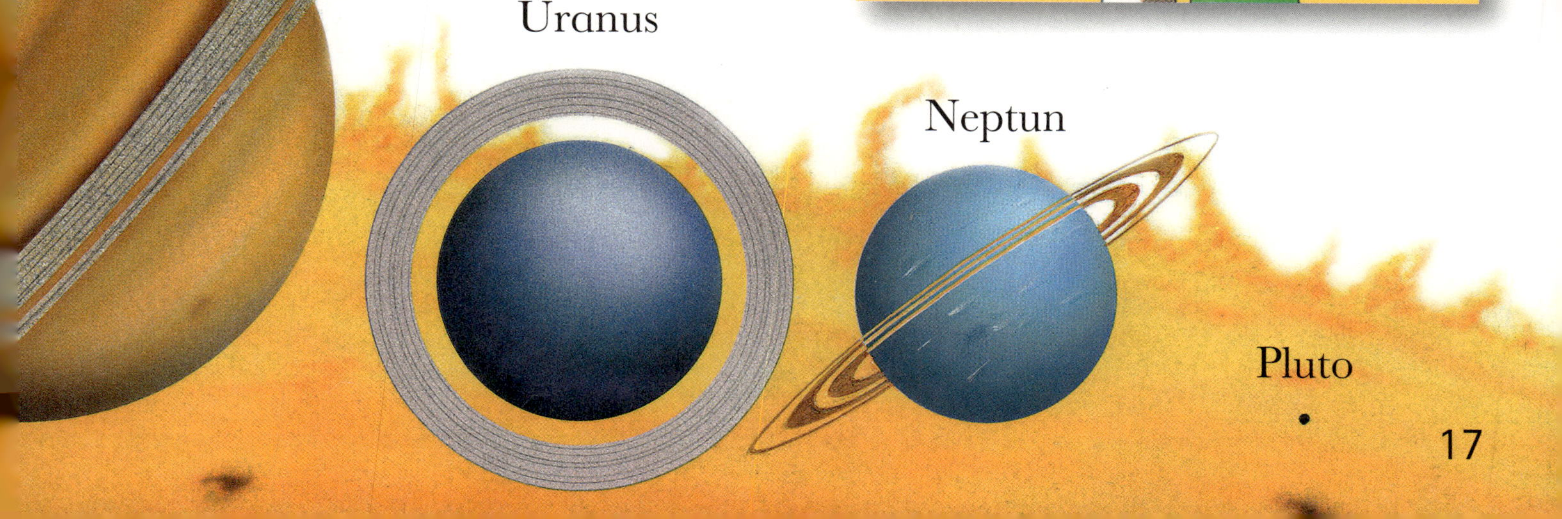

Die Sonne

Die Sonne ist genauso ein Stern wie die Sterne am Himmel. Sie ist eine gewaltige Kugel aus brennenden Gasen und Millionen Mal größer als die Erde. Unsere Sonne strahlt Hitze und Licht aus. Ohne sie wäre die Erde kalt, dunkel und ohne Leben.

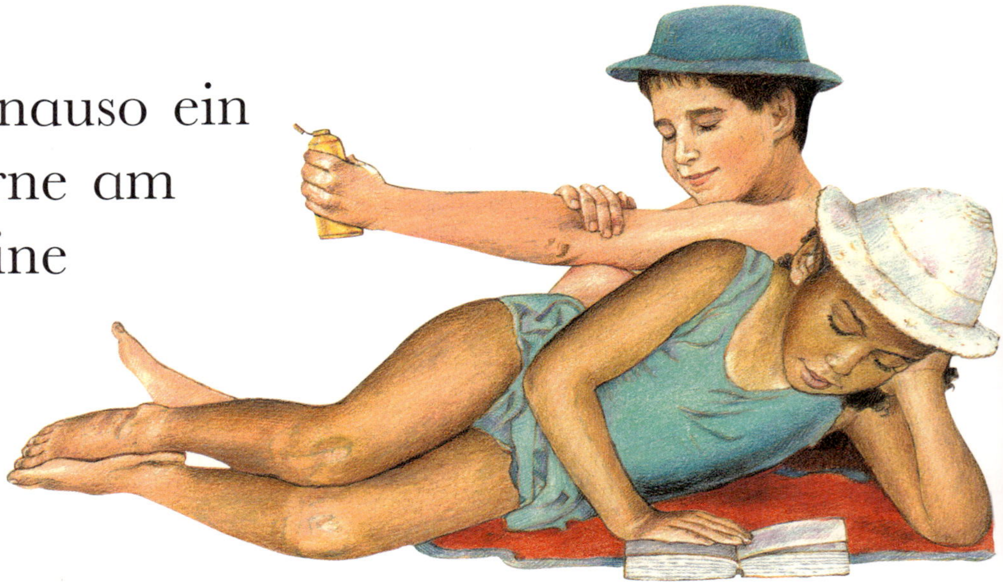

Sonnenstrahlen können deine Haut schädigen, wenn du dich zu lange in der Sonne aufhältst. Mit Sonnencreme kannst du deine Haut schützen.

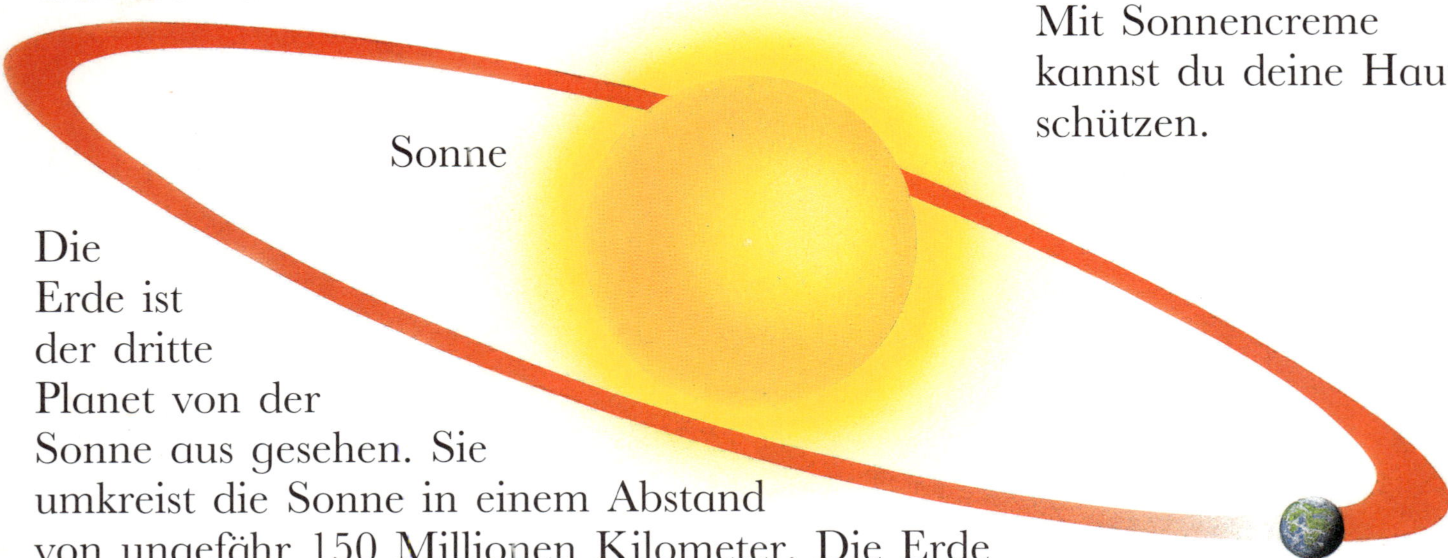

Die Erde ist der dritte Planet von der Sonne aus gesehen. Sie umkreist die Sonne in einem Abstand von ungefähr 150 Millionen Kilometer. Die Erde bewegt sich sehr schnell, aber es dauert trotzdem ein Jahr, bis sie die Sonne einmal umrundet hat.

Die Sonne besteht zum größten Teil aus Wasserstoff, einem brennbaren Gas. Am wärmsten ist ihr Kern. Von dort steigen heiße Gase an die Oberfläche und bilden dort einen Gasring, die Korona. Die dunklen Flecken auf der Sonnenoberfläche heißen Sonnenflecken. Sie sind weniger heiß als die übrige Oberfläche.

An der Sonnenoberfläche entstehen zuweilen riesige brennende Gasausbrüche.

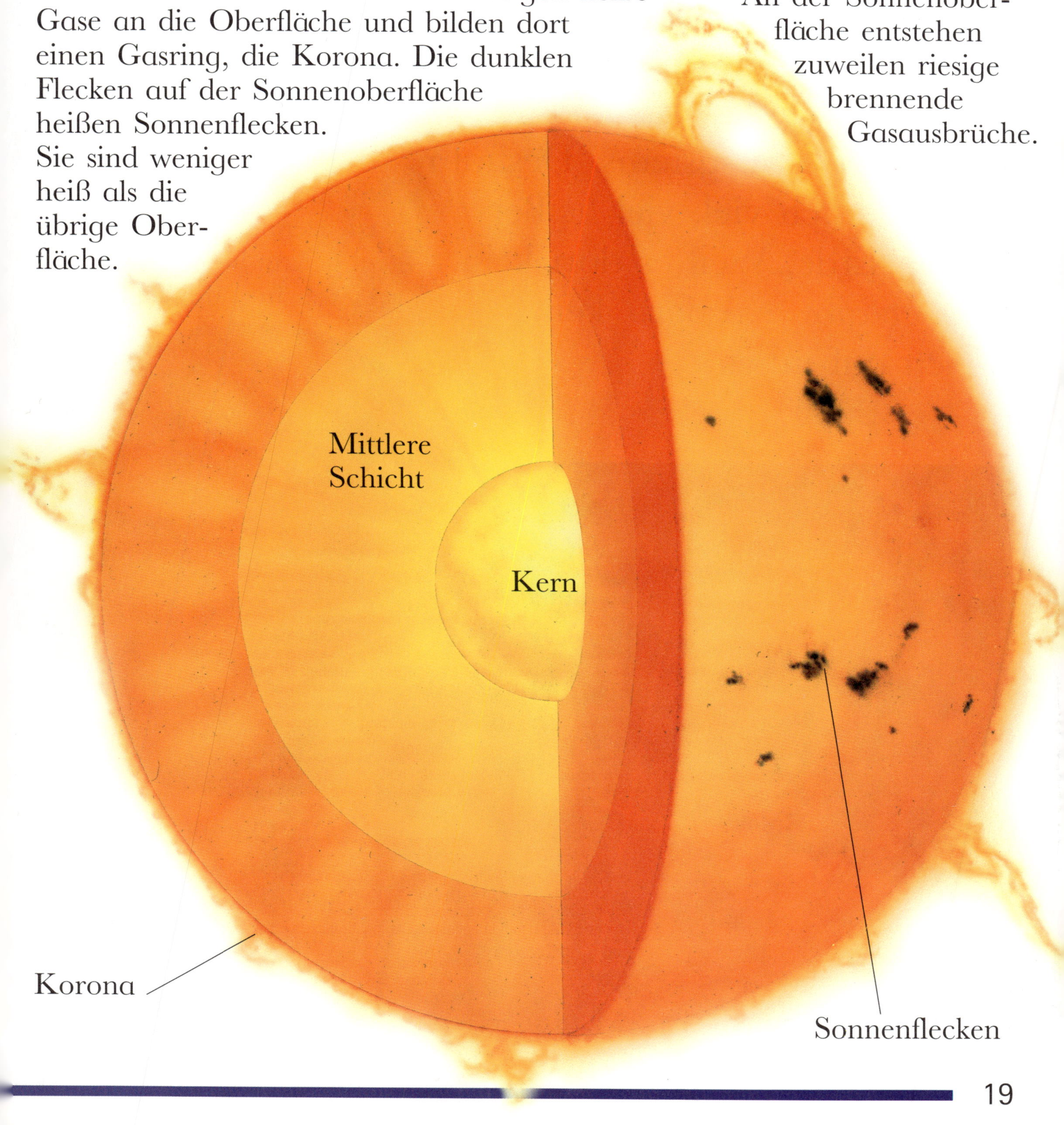

In der Nähe der Sonne

Merkur und Venus sind die beiden sonnennächsten Planeten unseres Sonnensystems. Deshalb sind sie auch viel, viel heißer als die Erde. Weil es dort kein Wasser gibt, existiert kein Leben auf ihnen.

Merkur dreht sich sehr langsam um sich selbst, rast aber richtig um die Sonne. Seine der Sonne zugewandte Seite ist brennend heiß, die abgewandte dagegen eiskalt und dunkel.

Die Oberfläche von Merkur ist nackt und felsig. Sie gleicht ein bisschen der Mondoberfläche und hat wie sie Hügel und riesige Krater.

Die Venus ist etwa so groß wie die Erde. Sie ist der heißeste Planet. Ihre Oberfläche ist von dichten giftigen Gaswolken verhüllt, die die Sonnenhitze nicht entweichen lassen.

Kurz nach Sonnenuntergang oder vor Sonnenaufgang kannst du die Venus als sehr hellen Punkt am Himmel sehen. Es wirkt immer so, als ob sie ganz nah an der Sonne wäre.

Die Oberfläche der Venus ist ziemlich eben, doch gibt es hier viele alte Vulkane und Lava, die diese Vulkane einmal ausgespuckt haben. Die Forscher gehen davon aus, dass manche Vulkane immer noch zeitweise aktiv sind.

Die Erde

Die Erde ist der Planet, auf dem wir leben. Sie ist eine gewaltige sich im Weltall drehende Kugel aus Gestein. Nur auf der Erde gibt es Wasser und Luft für Pflanzen und Tiere. Deshalb konnte sich nur auf der Erde und nicht auf den anderen Planeten Leben entwickeln.

So sieht unsere Erde aus dem Weltall aus. Ozeane bedecken den größten Teil der Oberfläche. Die braunen und grünen Bereiche sind Land. Die weißen Muster sind große Wolken, die am Himmel entlangziehen.

Die Erde benötigt einen Tag um sich einmal um die eigene Achse zu drehen. Auf der Seite, die zur Sonne zeigt, ist es Tag. Wo die Sonne nicht hin scheint, ist es Nacht.

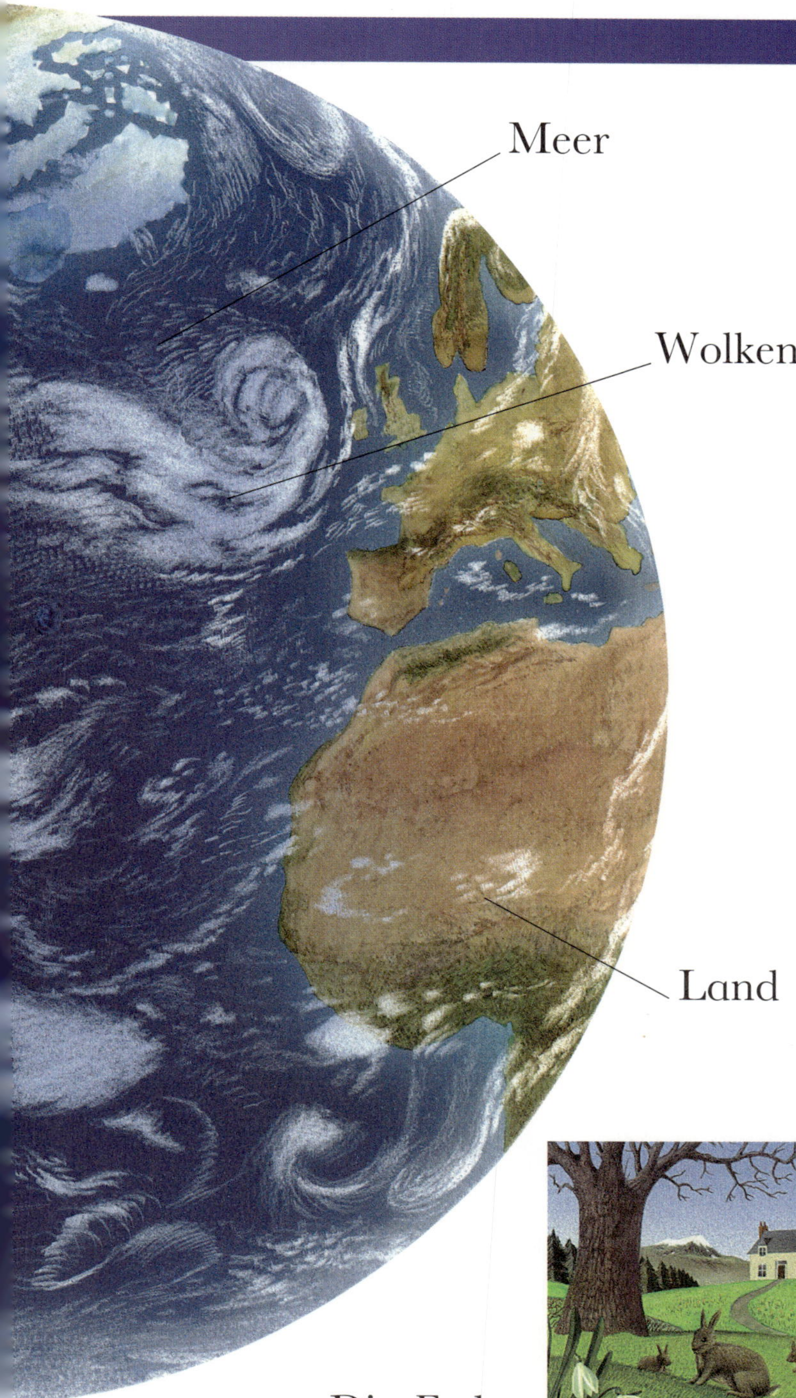

TAG UND NACHT

Nimm einen Globus und bitte einen Freund ihn mit einer Taschenlampe anzustrahlen. Die Lampe soll die Sonne sein. Wo die Taschenlampe hinleuchtet, ist es Tag – und auf der anderen Seite Nacht.

Die Erde dreht sich etwas schief um sich selbst und um die Sonne. Dadurch entstehen die Jahreszeiten. Es wird Sommer, wo die Erdoberfläche der Sonne am nächsten ist.

Frühling

Herbst

Sommer

Winter

Der Mond

Der Mond ist der uns am nächsten stehende Himmelskörper. Er ist gut ein Viertel so groß wie die Erde und benötigt für eine Umrundung der Erde etwa einen Monat. Auf dem Mond gibt es keine Luft, deshalb existiert dort auch kein Leben.

Der Mond dreht sich während seiner Umrundung der Erde so mit, dass immer dieselbe Seite zur Erde zeigt. Die dunklen Bereiche auf dem Mond sind große Ebenen.

Die Mondoberfläche ist felsig und staubig. Es gibt Tausende von Kratern. Sie entstanden vor Millionen von Jahren, als große Felsbrocken aus dem Weltall auf den Mond stürzten.

Neumond

Halbmond, zunehmend

Vollmond

Halbmond, abnehmend

kurz vor Neumond

Der Mond scheint seine Form ständig zu ändern. Das liegt daran, dass wir nur den Teil von ihm sehen, der von der Sonne angestrahlt wird. Während der Wanderung um die Erde nimmt der Mond also immer wieder zu und wird dann wieder kleiner.

MONDTAGEBUCH

Zeichne eine Tabelle mit einem Kästchen für jeden Tag des Monats. In diese Kästchen zeichnest du jeden Tag den Mond ein. Wie ändert er sich?

Mars

Mars ist der vierte Planet der Sonne. Er gleicht der Erde, ist aber viel kälter, weil er weiter von der Sonne entfernt ist. Ein Marstag dauert etwa so lange wie ein Erdentag. Auch auf dem Mars gibt es Jahreszeiten.

Mars wird oft der rote Planet genannt, weil sein Gestein eine rostrote Farbe hat. Winde und Stürme verteilen den rötlichen Staub, sodass die Farbe sogar von der Erde aus zu sehen ist.

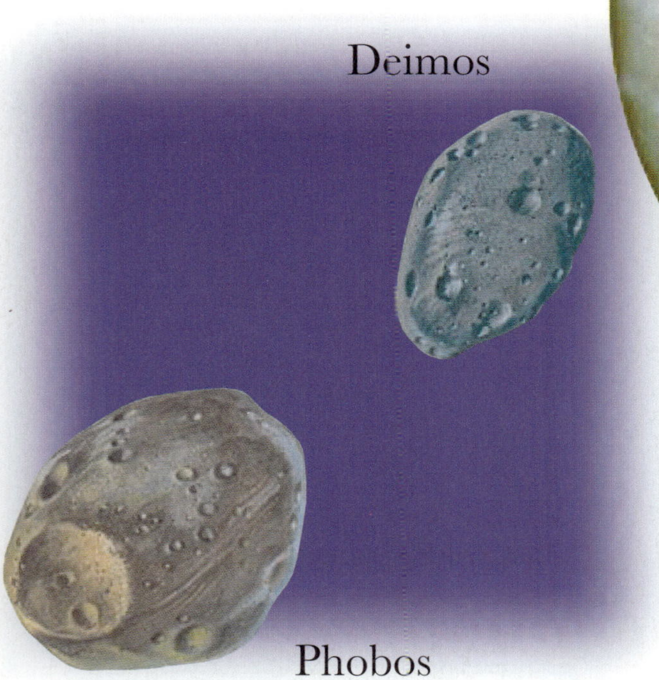

Mars wird von den beiden winzigen dunklen Monden Deimos und Phobos umkreist. Sie sehen sehr komisch aus und erinnern etwas an Kartoffeln.

Zwischen Mars und Jupiter umkreisen Millionen von Gesteinsbrocken die Sonne. Diese Mini-Planeten werden Asteroiden genannt. Die meisten sind nur ein paar Kilometer dick.

Mars ist von alten Vulkanen und felsigen Canyons bedeckt. Die Forscher vermuten, dass es dort einst Flüsse gab.

Die Riesenplaneten

Jenseits der Asteroiden kreisen zwei riesige Gasplaneten, Jupiter und Saturn. Sie sind von Ringen umgeben und werden von Monden umkreist. Jupiter ist der größte Planet des Sonnensystems – größer als alle anderen zusammen.

Wolken aus Eis bedecken die Jupiteroberfläche. Durch starke Stürme entstehen aus ihnen farbige Muster.

Jupiter hat 16 Monde. Einer davon, Io, besitzt aktive Vulkane. Seine steinige Oberfläche (links) ist durch den Schwefel der Vulkane rot und orange gefärbt.

Saturn ist eine sich drehende Kugel aus Gas und Flüssigkeiten. Er wird von 18 Monden aus Gestein umkreist. Seine Oberfläche ist unter stürmischen Wolkenschichten verborgen.

Die Ringe des Saturn bestehen in Wirklichkeit aus Tausenden von kleinen Ringen, diese wiederum aus Millionen von glänzenden Eisstücken. Die meisten sind winzig klein, manche aber auch mehrere Kilometer dick.

DEIN JUPITER

Mische Terpentin mit Tropfen von roter und gelber Ölfarbe. Tropfe etwas von dieser Mischung in eine Schüssel mit Wasser und wirble sie mit einem Pinsel herum. Dann lege ein kreisrundes Blatt Papier kurz auf die Flüssigkeit und hänge das bunt gefärbte Papier zum Trocknen.

Die fernen Planeten

Am Rand des Sonnensystems kreisen die drei Planeten Uranus, Neptun und Pluto. Mit dem bloßen Auge sind sie nicht mehr zu sehen. Keine Raumsonde hat jemals Pluto, den fernsten Planeten, erreicht. Wir wissen daher nicht viel über ihn.

Neptun hat eine bläuliche Färbung und besitzt acht Monde. Der größte, Triton, ist der kälteste Himmelskörper des Sonnensystems. Seine gefrorene Oberfläche ist von Vulkanen bedeckt, die Wolken von schwarzem Staub und Gase ausstoßen.

Pluto ist der kleinste Planet und hat nur einen Mond, Charon, der halb so groß wie Pluto ist. Die Umlaufbahn gleicht einem sehr langen Oval. Dadurch kommt er der Sonne manchmal näher als Neptun.

Uranus ist viermal so groß wie die Erde. Er wird von 15 Monden und 11 Ringen von kleineren Gesteinsbrocken umkreist.

Bewegungen

Viele Himmelskörper sind weder Sterne noch Planeten. Meteore und Kometen sind brennende Gesteinsbrocken, die wie ein Lichtschweif aussehen, der am Himmel entlang saust.

Meteore sehen wie Geschosse aus dem Weltall aus. In Wirklichkeit sind sie Staubwolken, die beim Eintritt in die Erdatmosphäre verglühen.

Meteorite sind Gesteinsbrocken aus dem Weltraum, die auf die Erde stürzen. Große Brocken wie dieser rechts erzeugen beim Einschlag auf der Erde große Krater (links).

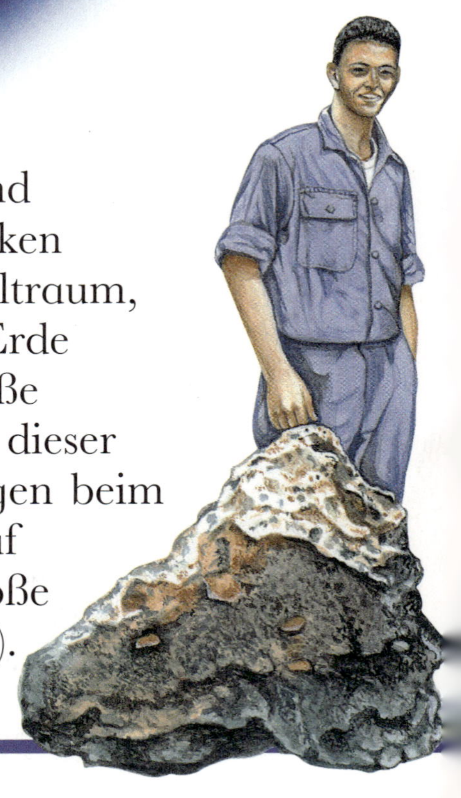

Ein Komet sieht aus wie ein großer Stern mit einem Schweif. Kometen sind Brocken aus Eis und Gestein, die die Sonne umkreisen. Ihre Schweife können viele Millionen Kilometer lang sein.

Durch die Sonnenhitze schmilzt die Kometenoberfläche und erzeugt eine Staub- und Gaswolke, die wie ein riesiger Schweif fortgeweht wird.

Weltraumforschung

Wir senden Raumfahrzeuge aus um das Weltall zu erforschen. Mit Raketen werden Satelliten, Raumsonden und Astronauten ins Weltall geschickt um die Planeten und Monde zu erforschen. So erhalten die Wissenschaftler auf der Erde neue Kenntnisse.

Nur Raketen sind stark genug, um die Anziehungskraft der Erde zu überwinden. Eine Rakete besteht aus mehreren Stufen. Jede hat ihren eigenen Antrieb. Sobald ihr Brennstoff zu Ende ist, wird sie abgeworfen.

Raumsonden sind unbemannte Raumfahrzeuge zur Erforschung des Sonnensystems. Mariner 10 (oben) umkreiste dreimal Mars und funkte Tausende Bilder von seiner Oberfläche zur Erde.

ABSCHUSSRAMPE

Male diese Rakete auf einen Karton und schneide sie aus. Dann schneide einen Pappstreifen aus und falte ihn wie hier. Klebe ihn an die Rakete, damit sie stehen kann.

Es gibt verschiedene Raketentypen. Ariane befördert Satelliten und Raumsonden. Die Raumfähre wird von zwei Raketen hochgeschickt. Saturn V brachte Astronauten auf den Mond.

Astronauten

Normalerweise können Menschen im Weltraum nicht leben. Es gibt keine Luft zum Atmen und alles ist schwerelos. Wenn sich Astronauten im Weltall aufhalten, brauchen sie Luft und passende Lebensbedingungen.

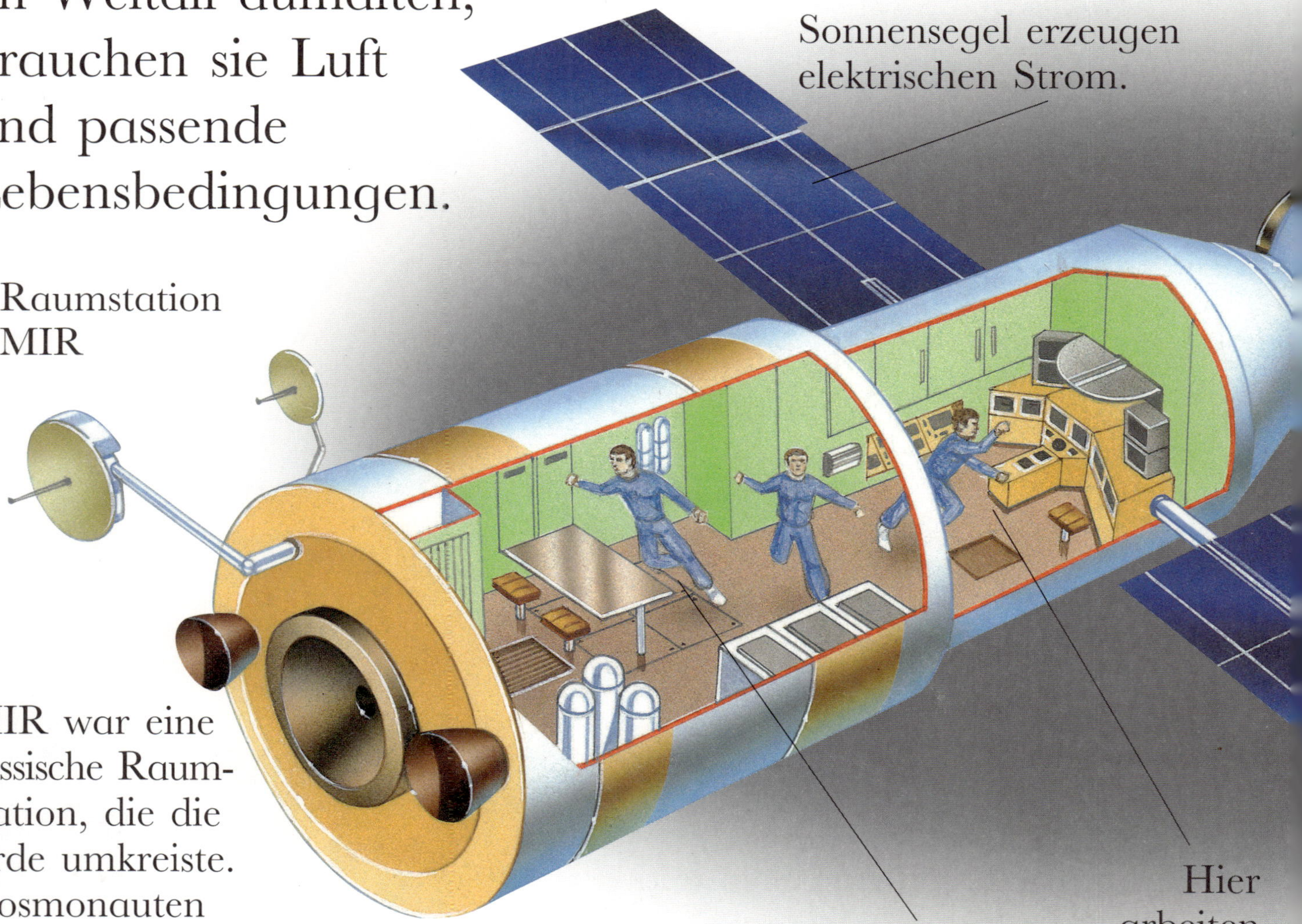

MIR war eine russische Raumstation, die die Erde umkreiste. Kosmonauten (russische Astronauten) reisten mit Raumfähren zur Raumstation. Es gab auch unbemannte Versorgungsraumfähren.

Nachts müssen sich die Astronauten mit Schlafsäcken festbinden, damit sie nicht umherschweben.

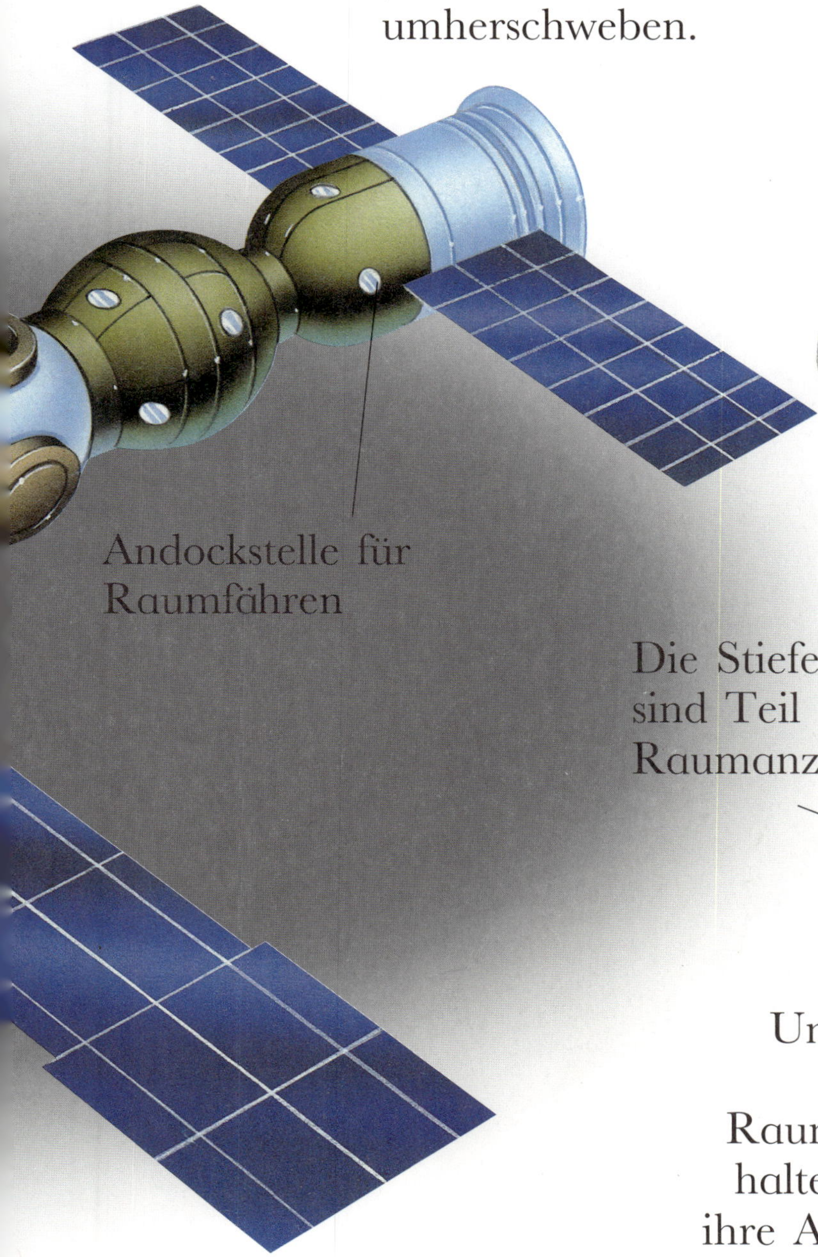

Um ein Raumfahrzeug zu verlassen, müssen die Astronauten dicke Raumanzüge tragen. Sie schützen und halten warm. Die Astronauten müssen ihre Atemluft und Trinkwasser in einem Rucksack immer bei sich haben.

Raumfähre

Die Raumfähre hebt wie eine Rakete ab, doch wenn sie zurückkehrt, landet sie wie ein Segelflugzeug. Dadurch kann sie mehrmals verwendet werden.

Die Raumfähre fliegt huckepack auf einem riesigen Treibstofftank. Zwei Raketen an ihrer Seite befördern sie ins Weltall.

Die Raumfähre ist mit Spezialplatten geschützt, die die große Hitze beim Eintritt in die Erdatmosphäre abhalten.

Nach dem Start werden die beiden Seitenraketen abgetrennt und schweben an Fallschirmen zurück zur Erde.

RAKETE!

Ziehe einen langen Baumwollfaden durch einen Strohhalm und binde die Fadenenden an zwei Stühle. Blase den Luftballon auf, verschließe ihn mit einer Klammer und klebe ihn an den Strohhalm. Wenn du die Klammer losmachst, schießt deine Rakete nach vorn.

Unsere Welt

Die Erde

Unsere Erde ist ungeheuer vielfältig. Es gibt heiße Wüsten, gewaltige Ozeane, Regenwälder und ewiges Eis. Jede Erdregion hat ihr eigenes Klima und in jeder leben speziell angepasste Tiere und Pflanzen.

Es gibt die verschiedensten Landschaftsformen mit natürlichen Merkmalen wie z.B. Bergen. Der Mensch kann sie verändern – durch Städte, Ölbohrtürme etc.

Der größte Teil der Erdoberfläche ist von Meeren bedeckt. Umhüllt wird die Erde von einer dünnen Luftschicht, der Atmosphäre. Hier entsteht das Wetter.

1. Meer
2. Fluss
3. See
4. Regen
5. Wasserfall
6. Berg
7. Wald
8. Ölbohrturm
9. Tiere
10. Stadt

Vulkane

Ein Vulkan ist ein Berg, der explodieren kann. Tief im Erdinnern ist das Gestein so heiß, dass es schmilzt. Wenn dieses flüssige Gestein durch hohen Druck an die Oberfläche gepresst wird, bricht der Vulkan aus.

Dieser Hund wurde von der Lava eines Vulkans in Pompei (Italien) 79 v. Chr. verschüttet.

EIN VULKAN!

Mache aus dicker Pappe einen Kegel, der oben offen ist. In die Öffnung kommt dann ein kleines flaches Plastikgefäß. Dort hinein schüttest du etwas rotes Farbpulver und Natron oder Backpulver.
Wenn du nun noch etwas Essig hinzufügst, bricht dein Vulkan aus.

Magma ist heißes, flüssiges Gestein unter der Erdoberfläche. Wenn das Magma austritt, wird es zu Lava.

Während eines Vulkanausbruchs fließt kochende Lava die Vulkanhänge hinunter und zerstört alles, was ihr im Weg liegt. Allmählich kühlt die Lava ab und wird steinhart.

Erdbeben

Die oberste Erdschicht, die Erdkruste, sieht wie ein Riesenpuzzle aus, das aus großen Stücken besteht. Sie verschieben sich ständig langsam, doch manchmal wird die Bewegung heftiger: Ein Erdbeben entsteht.

Ein Erdbeben ist etwas sehr Schreckliches. Der Erdboden bebt, Häuser können einstürzen und Menschen töten. Erdbeben dauern meist nur wenige Minuten, verursachen jedoch große Schäden.

Ein Erdbeben entsteht, wenn zwei Erdplatten, also Teile der Erdkruste, aneinander schrammen. Sie bewegen sich dabei in entgegengesetzter Richtung, sodass ganze Landschaften zerstört werden.

Die Schockwellen eines Erdbebens verursachen häufig Tsunamis, riesige Flutwellen. Wenn sie die Küste erreichen, können sie ganze Dörfer und Städte zerstören.

Durch Erdbeben können Brände entstehen, wenn Gas- oder Ölleitungen bersten.

Auf der Straßen tun sich große Spalten auf, die ganze Autos verschlucken.

Gebirge

Gebirge sind die höchsten Landschaften der Erde. Manche sind so hoch, dass ihre Gipfel über den Wolken liegen. Viele Gebirge sind schroff und haben tiefe Schluchten, andere sind kleiner und eher hügelig.

Je höher du auf einen Berg steigst, desto kälter und windiger wird es. Ab einer bestimmten Höhe, der Baumgrenze, gibt es keine Bäume mehr. Ganz oben liegt ewiger Schnee.

Bergziegen können mit ihren Hufen auch an ganz steilen Hängen herumklettern, ohne zu stürzen.

Gebirgspflanzen wie dieser Enzian wachsen ganz dicht am Boden um vor Wind geschützt zu sein.

Der Berghase hat wie alle Bergtiere ein dickes Fell um sich warm zu halten.

Landschaftsformen

Jede Landschaft verändert sich allmählich. Wasser und Wind tragen Boden ab. Das Meer schafft Klippen, Flüsse schneiden Täler ein. Selbst der härteste Fels bleibt nicht dauerhaft bestehen.

Wasser, das durch Kalkstein versickert, schafft Höhlen mit großen Stalaktiten und Stalagmiten.

In der Wüste wird Sand vom Wind verweht. Er schleift dabei Felsen ab und gibt ihnen manchmal faszinierende Formen.

Der Grand Canyon ist eine tiefe Schlucht in Nordamerika. Er wurde in Tausenden von Jahren durch den Colorado-Fluss aus dem Fels geschnitten. Je tiefer der Canyon dabei wurde, desto mehr Felsschichten traten zu Tage, wobei die untersten die ältesten sind.

Das Wetter

Das Wetter ändert sich fast täglich und auch mit den Jahreszeiten. Sonne und Regen wechseln sich ab, und wenn beide zusammen auftreten, siehst du einen Regenbogen. In anderen Erdregionen ist das Wetter anders. Es gibt sehr heiße und eiskalte Gebiete.

Blitze sind elektrische Riesenfunken, die von einer Gewitterwolke zur Erde schießen. Sie machen dabei viel Krach – den Donner.

Die Farben eines Regenbogens haben immer die gleiche Anordnung: Rot, Orange, Gelb, Grün, Blau und Violett.

Wolken bestehen aus Millionen von winzigen Wassertröpfchen. Manche sind Schönwetterwolken, andere bringen Regen und Gewitter.

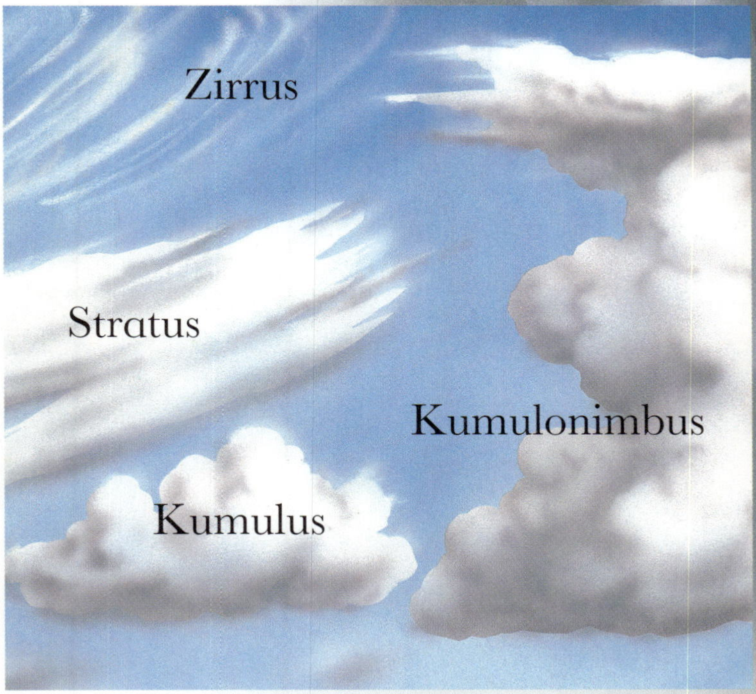

WETTERKARTE

Zeichne eine Tabelle auf ein großes Blatt Papier. Jeder Tag bekommt ein eigenes Feld. Nun beobachtest du täglich das Wetter und trägst das entsprechende Symbol in die Tabelle ein.

In manchen Ländern treten gewaltige Stürme, die Tornados auf. Ein Tornado sieht wie ein dunkler Wolkentrichter aus. Er ist wie ein Strudel, der auf dem Erdboden herumwirbelt und dabei großen Schaden anrichten kann. Komischerweise ist es in der Mitte des Luftwirbels fast windstill.

Wasserkreislauf

In der Luft schweben unsichtbare winzige Wassertröpfchen, der Wasserdampf. Der Regen fällt nicht einfach vom Himmel, sondern bildet sich durch das Wasser überall um uns. Die gesamte Wassermenge der Erde bleibt immer gleich, bewegt sich aber in ständigen Kreisläufen.

Wenn Wasser durch die Sonne erwärmt wird, scheint es wegzutrocknen. Tatsächlich aber ist es in Form von Wasserdampf in die Luft gestiegen. Weiter oben kühlt der Wasserdampf ab und wird wieder zu Wasser: Wolken bilden sich und es regnet.

Wenn es kalt ist, kann es schneien statt zu regnen. Die Wassertröpfchen in den Wolken frieren zu Eiskristallen. Diese bilden dann Schneeflocken. Keine Schneeflocke gleicht genau der anderen.

Das Wasser in den Wolken fällt als Regen, Hagel, Schneeregen oder Schnee auf die Erde zurück.

Das Regenwasser sammelt sich zu Flüssen und fließt ins Meer zurück.

SCHNEESTURM

Du brauchst ein Glas mit einem dichten Schraubdeckel. Innen auf den Deckel klebst du kleine Plastikfiguren. Fülle nun das Glas fast bis oben mit Wasser und füge etwas Flitter hinzu. Schraube es fest zu, schüttle es und drehe es um.

Der Weg eines Flusses

Viele Flüsse entspringen in den Bergen. Mehrere kleine Bäche aus Regenwasser fließen ins Tal hinab. Dabei vereinigen sie sich zu einem Fluss, der weiter talabwärts bis ins Meer strömt.

Ein Fluss liefert Nahrung für viele Tierarten, wie z.B. diesen Lachs.

Ein Fluss ändert sich auf seinem Weg immer wieder. Er beginnt als reißender Gebirgsbach, doch wenn er das Meer erreicht, ist er breit und fließt viel langsamer.

Schilf und Rohrkolben wachsen am Ufer.

Wenn ein Fluss über steile Felskanten hinabstürzt, bildet er einen Wasserfall. Wo das Wasser auftrifft, entstehen große Wasserfontänen.

Der Fluss windet sich auf seinem Weg durch die Landschaft.

Alle Flüsse münden in größere Ströme oder enden wie diese direkt im Meer.

Sümpfe

Sümpfe und Marschland sind Feuchtgebiete in der Nähe von Flüssen oder am Meer. Einige sehen wie Seen mit vielen kleinen Inseln aus, andere mehr wie Wiesen voller Schilf.

1. Mangrovenwurzeln
2. Waschbär
3. Wasserschildkröte
4. Löffelreiher
5. Alligator
6. Tarpon (Heringsart)
7. Schmetterling
8. Specht
9. Grüne Hundskopfboa
10. Laubfrosch

Sumpfgebiete bieten Lebensraum für viele Vögel und andere Tiere. In den Baumwurzeln und im Schilf finden sie Schutz, im Wasser viele Fische als Nahrung.

LIBELLE

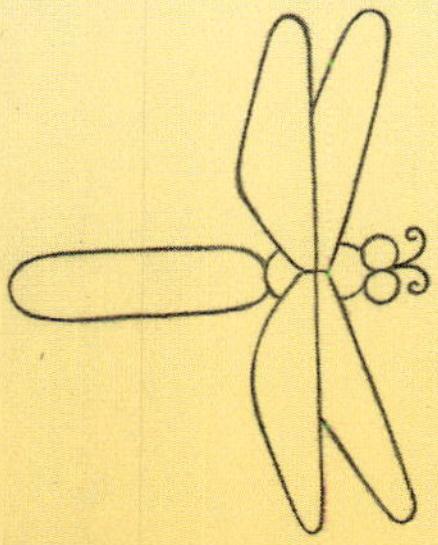

Schablone

Zeichne die Libellen-Schablone auf ein großes Blatt Papier und klebe Folie (Bonbonpapier) für die Flügel und den Körper darauf. Für die Augen kannst du Knöpfe und für die Fühler Pfeifenreiniger verwenden.

Wälder

Wälder gibt es in gemäßigten Regionen, wo es weder zu heiß noch zu kalt wird. Im Sommer sind sie grün und schattig, doch wenn die Bäume im Winter ihr Laub verlieren, schauen sie recht kahl aus. Wälder sind Lebensräume für viele Tierarten.

Vögel und Eichhörnchen leben hoch oben in den Bäumen. Dachse und Füchse graben Höhlen zwischen Baumwurzeln. Rehe und Wildschweine verstecken sich im dichten Gehölz.

1. Fuchs
2. Eichelhäher
3. Wildschwein
4. Stachelschwein
5. Sperber
6. Graues Eichhörnchen
7. Rotwild
8. Schmetterling
9. Dachs
10. Buntspecht

Regenwälder

Regenwälder wachsen in heißen Ländern, wo es fast jeden Tag regnet. Es ist das ganze Jahr warm und es gibt keinen Sommer oder Winter. In den Regenwäldern leben mehr Tiere als sonst wo auf der Welt.

Bunte Papageien wohnen in den Baumkronen.

Die Bäume eines Regenwaldes werden sehr hoch, weil es so viel regnet. Am Boden ist es dunkel und schattig, nur in den Baumkronen ist die Sonne zu sehen. Dort verschlingen sich die Äste und bilden eine Art Hochetage, wo weitere Pflanzen leben.

Viele kleinere Tiere wie dieser Mausmaki gehen nur nachts auf die Jagd.

Die größten Jäger in einem Regenwald sind Raubkatzen wie z.B. dieser Tiger.

Diese Tiere und Pflanzen findest du auf dem Bild:

1. Liane
2. Gibbon
3. Pfeilgiftfrosch
4. Pilze
5. Ara
6. Schmetterlinge
7. Ameisen
8. Tukan

Steppen

Auf der Erde gibt es riesige Graslandschaften, die sich über Tausende Kilometer erstrecken. Nach Regenfällen wird das Gras grün, doch meist ist es trocken und braun. Weil es selten regnet, gibt es dort nur wenige Bäume.

Die afrikanischen Savannen sind große Graslandschaften mit wenigen Bäumen und dornigen Büschen. Hier leben viele wilde Tiere. Sie suchen ständig nach Wasser und frischem grünem Gras.

Die nordamerikanischen Steppen heißen Prärien. Dort leben die wilden Präriehunde, die sich ausgedehnte Höhlen unter dem Erdboden graben. Ein Präriehund muss immer den Höhleneingang bewachen.

1. Gazellen
2. Giraffen
3. Zebras
4. Elefant
5. Löwin mit Jungem
6. Antilope

Wüsten

Wüsten sind die trockensten Gebiete der Erde. Manchmal regnet es dort jahrelang nicht. In den meisten Wüsten ist es tagsüber brennend heiß und nachts ziemlich kalt. In anderen ist es immer kalt. In Wüsten leben recht ungewöhnliche Tiere und Pflanzen.

1. Eule
2. Gila-Specht
3. Kandelaberkaktus
4. Barteidechse

Kamele können tagelang ohne Futter und Wasser auskommen. Mit ihren flachen Füßen laufen sie sehr gut über den Sand. Sie haben lange Wimpern, damit ihnen kein Sand in die Augen kommt, und sie speichern Wasser in ihren Höckern.

Die amerikanischen Wüsten sind nackt und steinig. Hier wachsen stachelige Kakteen, die Wasser in ihren fleischigen Stämmen speichern können.

Einige Wüsten bestehen aus Sand. Winde türmen den Sand zu Dünen auf. Nur an Wasserstellen, den Oasen, können Pflanzen und Bäume gedeihen.

5. Klapperschlange
6. Roadrunner (Kuckucksart)
7. Känguruatte
8. Wüstenfuchs

SANDBILD

Zeichne mit einem Klebestift ein Wüstenbild auf farbigen Karton. Nun streue Sand über die Klebestellen. Schütte die losen Körner ab – fertig ist deine Sandwüste.

Kalte Gebiete

Nord- und Südpol sind die extremsten Punkte der Erde. Land und Meer liegen dort im Eis, das nicht einmal im Sommer schmilzt.

Rentiere leben in der Region um den Nordpol, der Arktis. Sie scharren den Schnee weg um nach Flechten zu suchen, die sie fressen. Im Winter ziehen sie weiter nach Süden um Nahrung zu finden.

Pinguine leben am Südpol, in der Antarktis. Sie müssen ihre Jungen gut wärmen.

Der Schneehase bekommt im Winter ein weißes Fell.

Der Eisbär
ist das größte Landtier
in der Arktis. Sein dickes fettiges Fell hält ihn
warm. Eisbären sind gute Schwimmer. Sie jagen Seehunde
unter dem Eis oder warten, bis sie zum Luft holen auftauchen.

Umweltschutz

Auf unserer Erde gibt es viele Probleme. Luft und Meere werden verschmutzt, Pflanzen und Tiere werden ausgerottet. Die natürlichen Energiequellen der Erde wie Gas, Kohle und Öl werden immer knapper.

Abgase von Fabriken und Autos verschmutzen die Luft mit chemischen Stoffen. Diese lösen sich in Wolken auf und machen den Regen sauer. Saurer Regen schädigt Bäume und Tiere.

Wissenschaftler suchen nach neuen sauberen Energiequellen. Man kann die Sonnenenergie oder den Wind nutzen um Strom zu erzeugen.

Elektroauto mit Solarzellen

RECYCLING

Sortiere euren Hausabfall nach Papier, Glas, Dosen und Kompost. Wirf nicht alles wahllos in die Mülltonne.

Tiere werden gejagt und ihre Lebensräume werden zerstört oder verschmutzt. Der Buckelwal (unten) wurde so stark gejagt, dass er kurz vor dem Aussterben ist.

Buckelwal

Leben in der Urzeit

Fossilien

Wissenschaftler erforschen unsere Urgeschichte mithilfe von Gesteinen. Reste von längst ausgestorbenen Pflanzen und Tieren versteinerten und wurden zu Fossilien. Diese geben uns Hinweise darauf, wie das Leben auf der Erde vor Millionen von Jahren aussah.

Pflanzen fressender Triceratops

Fleisch fressender Tyrannosaurus Rex

Niemand hat je einen Dinosaurier gesehen. Forscher rekonstruieren sein Aussehen, indem sie gefundene Fossilien zusammensetzen. Fossilien bilden sich erst nach vielen Jahrtausenden. Meist sind es die harten Teile des Körpers wie Knochen und Zähne.

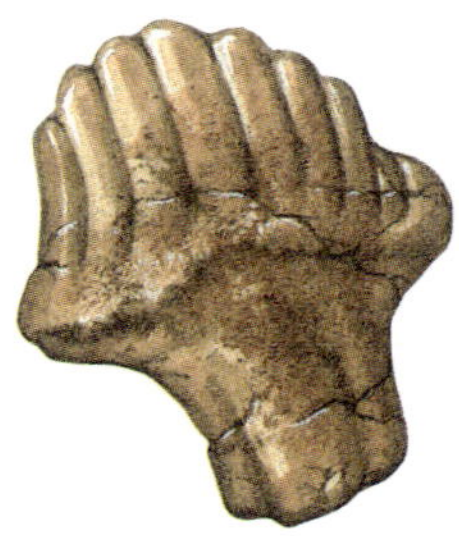

Flache Zähne eines Pflanzenfressers

Scharfe Zähne eines Fleischfressers

Farn-Fossil

Farn

Schachtel-
halm

Der fossile Eindruck eines Farns auf dem Stein oben entstand vor Hunderten von Millionen Jahren. Er sieht wie die Farne heute aus. Forscher fanden auch Fossilien von Schachtelhalmen – einer anderen Pflanze, die es immer noch gibt.

BASTLE EIN FOSSIL

Rolle Modelliermasse oder Knete zu einer Platte aus. Drücke dann ein Laubblatt darauf um einen fossilen Abdruck zu erhalten. Ziehe das Blatt ab und vergrabe das „Fossil" in einem Gefäß mit trockenem Sand. Zum Schluss wird der Sand abgebürstet, wenn du das Fossil ausgräbst.

Ammonit

Vor Jahrmillionen lebten im Meer Schalentiere, die Ammoniten. Wenn sie starben, wurden sie von Sand und Schlamm bedeckt. Immer weitere Schlammschichten legten sich darüber und die Ammoniten versteinerten zu Fossilien.

Evolution

Unsere Erde ist etwa vier Milliarden Jahre alt. Sie ändert sich ganz langsam, aber ununterbrochen. Mit diesen Änderungen wechseln auch die Pflanzen- und Tierarten auf der Erde, da sich das Leben ständig den neuen Bedingungen anpassen muss. Dies wird Evolution genannt.

Der erste winzige Fisch lebte vor etwa 500 Millionen Jahren.

Vor 395 Millionen Jahren kamen einige Tiere, die Amphibien, ans Land.

Die heutigen Tierarten gab es in der Urzeit noch nicht, die meisten in der Urzeit existierenden sind dagegen heute ausgestorben. Die ersten Pflanzen und Tiere waren winzig und lebten im Meer. Heute ist fast unser ganzer Planet von Lebewesen bewohnt.

Einige Tierarten sterben aus, wenn ihr Lebensraum zerstört wird. Der Dodo war ein großer flugunfähiger Vogel, der auf der Insel Mauritius lebte. Er wurde von den Menschen, die dort siedelten, gejagt und ausgerottet.

Dinosaurier und andere Reptilien lebten vor 240-64 Millionen Jahren.

Nach dem Aussterben der Dinosaurier gab es mehr Säugetiere. Sie waren zunächst klein, wurden später aber größer.

Die ersten Menschen lebten vor etwa zwei Millionen Jahren. Sie stammten von affenähnlichen Tieren ab.

Erstes Leben

Die ersten Pflanzen und Tiere lebten im Meer. Vermutlich waren sie so klein, dass sie nicht sehen konnten. Sie besaßen weiche Körper wie z.B. Quallen und Würmer. Bald entwickelten sie harte Schalen. Dann kamen die ersten Fische.

Vor etwa 450 Millionen Jahren lebten viele verschiedene Meerestiere in einem Korallenriff. Sie schwammen oder krochen auf der Suche nach Nahrung über den Meeresboden.

1. Trilobit
2. Brachiopod
3. Graptolit

Fische hatten als erste Tiere Knochen. Duncleosteus war ein gefährlicher Jäger mit gewaltigen scharfen Zähnen – ein richtiger Monsterfisch.

4. Meeresskorpion
5. Hornkoralle
6. Meeresschnecke
7. Seelilie
8. Krake

AMMONITENKUNST

Zeichne nach der Vorlage unten mit weißer Wachskreide einen Ammoniten auf ein weißes Blatt Papier.

Dann male das ganze Blatt grün an. An den Wachslinien bleibt das Blatt weiß.

Erste Landtiere

Vor etwa 400 Millionen Jahren zogen die Pflanzen langsam an Land. Dann folgten einige Fischarten, die sich mit ihren starken Flossen vorwärts bewegten. Bald schon lebten die Amphibien an Land, mussten zur Eiablage aber ins Wasser zurück.

Ein Süßwassersumpf vor 360 Millionen Jahren: Kleine Fische kriechen an Land. Dort lebt bereits eine Amphibie, Ichthyostega, eine der ersten Tierarten mit vier Beinen, aber noch mit Schwimmhäuten an den Füßen und mit einem Fischschwanz.

1. Ichthyostega
2. Meganeura
3. Urfische
4. Eusthenopteron
5. Schachtelhalm

Dimetrodon war eines der ersten Reptilien. Es lebte auf dem Land und hatte eine große Hautflosse auf dem Rücken.

PAPIERPALME

Rolle eine Zeitung zusammen und binde zwei Gummis wie auf dem Bild darum. Das obere Drittel wird an vier Stellen eingeschnitten. Ziehe die eingeschnittenen Papierstreifen nach außen.

Welt der Dinosaurier

Die Dinosaurier tauchten vor 228 Millionen Jahren auf. Einige von ihnen waren riesengroß – es waren die größten Tiere, die je an Land gelebt haben. Andere waren kaum größer als ein Huhn. Sie alle starben vor 64 Millionen Jahren aus.

Alle Dinosaurier besaßen eine schuppige Haut und legten Eier wie die Reptilien heute. Einige waren Pflanzenfresser, andere jagten. Sie lebten zusammen mit anderen Reptilien und den ersten Vogel- und Insektenarten.

Viele Dinosaurier lebten an Sümpfen.

1. Stegosaurus
2. Apatosaurus
3. Deinosuchus
4. Allosaurus
5. Archaeopteryx

Pflanzenfresser

Die größten Dinosaurier waren Pflanzenfresser. Sie hatten einen tonnenförmigen Rumpf, einen sehr langen Hals und Schwanz. Diese Riesen lebten in Herden und streiften auf der Suche nach Nahrung umher. Sie fraßen das Laub von hohen Bäumen – wie die Giraffen heute.

Das Klima war zur Zeit der Dinosaurier warm und feucht. Es gab Wälder aus Riesenfarnen und immergrünen Pflanzen. Die Pflanzenfresser fraßen mit ihren keilförmigen Zähnen Blätter, Wurzeln und Zapfen.

1. Brachiosaurus
2. Apatosaurus
3. Diplodocus

Einige Pflanzenfresser wie z.B. der Parasaurolophus sahen ziemlich komisch aus. Ihre Schnauzen erinnern an Schnäbel, auf ihrem Kopf wuchs ein Kamm, den sie zum Ausatmen benutzten. Vielleicht konnten sie damit sogar trompeten!

DINOSAURIER-EINLADUNG

Male einen Dinosaurier mit langem Hals auf ein längliches Blatt Papier. Die Einladung zu deiner Party kommt auf die Rückseite. Zum Schluss faltest du das Papier wie eine Ziehharmonika.

Fleischfresser

Einige Dinosaurier fraßen Tiere – auch andere Dinosaurier. Die meisten Fleischfresser waren Raubtiere und jagten ihre Beute. Manche jagten einzeln, andere in Herden.

Tyrannosaurus Rex war das größte Fleisch fressende Tier. Er hatte starke Kiefer und rasiermesserscharfe Zähne um die Beute zu reißen.

Viele Fleischfresser besaßen scharfe Krallen, die sie in ihre Beute schlagen konnten.

Fleisch fressende Dinosaurier brauchten nicht jeden Tag neue Nahrung. Ein Beutetier konnte tagelang reichen. Manche jagten nicht, sondern fraßen Aas, tote Tiere, die sie fanden.

Afrovenator fraß Pflanzen fressende Dinosaurier und andere kleinere Tiere.

Kämpfe

Pflanzen fressende Dinosaurier waren langsam und mussten sich gegen hungrige Fleischfresser verteidigen. Einige Pflanzenfresser bildeten dafür Gruppen, andere besaßen lange Hörner um Angreifer zu vertreiben, und eine sehr dicke Haut.

Deinonychus war ein kleiner schneller Fleischfresser. Der Name bedeutet „schreckliche Klaue“, weil er an seinen Hinterfüßen lange gebogene Krallen besaß. Deinonychus war zu klein um allein einen Pflanzenfresser zu töten, also jagte er in der Meute, griff an und verwundete das Beutetier mit Krallen und Zähnen.

Triceratops hatte auf seiner Nase und über den Augen Hörner. Er besaß auch einen harten Nackenschild und eine dicke Lederhaut um sich vor Feinden zu schützen.

Dieser wehrhafte Dinosaurier heißt Euoplocephalus. Er besaß auf seinem Rücken Knochenschilde und scharfe Hörner sowie am Schwanzende eine Art Keule.

TRICERATOPS-MASKE

Zeichne ein Dinosaurier-Gesicht wie hier im Bild auf Karton. Mache Hörner aus Karton und klebe sie am Gesicht fest. Zum Schluss kommt ein Gummiband durch die Löcher an beiden Seiten.

Nachwuchs

Dinosaurier-Babys schlüpften aus Eiern wie heute die Reptilien. Einige Dinosaurier-Mütter wie z.B. Maiasaura bauten am Boden große Nester, in die sie etwa zwanzig Eier legten. 1984 fand man in Nordamerika über zwanzig Maiasaura-Nester.

Dinosaurier-Eier

Man fand Fossilien von Dinosaurier-Eiern in verschiedenen Formen und Größen.

Wenn eine Dinosaurier-Herde herumzog, liefen die Jungen in der Mitte und wurden von den erwachsenen Tieren bewacht.

Wenn ein Maiasaura-Baby ausschlüpfte, fütterte die Mutter es mit jungen Pflanzen. Nach ein paar Wochen waren die Jungen selbständig.

Dieser Baby-Dinosaurier ist noch nicht aus dem Ei geschlüpft.

Nest in einer Bodenmulde

Meeresriesen

Während die Dinosaurier die Herren des Landes waren, gab es im Meer viele grimmige Reptilien. Einige konnten schnell schwimmen und ähnelten Delfinen. Andere glichen Echsen oder besaßen lange Hälse und riesige Flossen wie Paddel.

Der Kopf von Kronosaurus war größer als ein Auto.

Mosasaurus war eine gefährliche Meeresechse. Er erbeutete mit seinen riesigen Kiefern kleine Meerestiere.

Elasmosaurus hatte einen schlangenartigen Hals, der vermutlich beim Schwimmen aus dem Wasser ragte.

Ichthyosaurus sah fast wie ein heutiger Delfin aus. Er war ein guter Schwimmer und jagte wohl in Schwärmen. Seine Nahrung waren Fische und andere Tiere wie Tintenfisch.

Teleosaurus war ein Meereskrokodil. Mit seinem langen Maul und den scharfen Zähnen konnte er blitzschnell Fische fangen.

Lufttiere

Die ersten fliegenden Tiere waren vor 300 Millionen Jahren Insekten. Dann wuchsen dem Pterosaurier, einem Reptil, Flügel. Sie segelten in großer Höhe, weit über den Dinosauriern.

Archaeopteryx war das erste Tier mit Federn, halb Vogel und halb Dinosaurier. Man weiß nicht, ob er wirklich fliegen konnte.

Quetzalcoatlus war ein Riesen-Petrosaurier – viel größer als die größten Vögel heute. Seine gewaltigen Flügel bestanden wie Fledermausflügel aus Haut. Er war zahnlos und besaß ein Fell und keine Federn.

PTEROSAURIER-FLUG

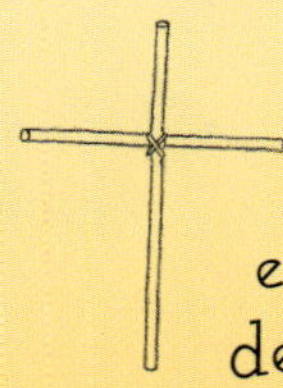

Binde zwei Stöcke zusammen, einer doppelt so lang wie der andere. Lass dir von einem Erwachsenen Kerben in die Enden schneiden. Darüber spannst du als Rahmen einen Bindfaden. Das Ganze legst du nun auf eine durchsichtige Plastiktüte, schneidest diese rundum 5 cm größer als den Rahmen aus, spannst sie um den Rahmen und klebst sie mit dem überstehenden Rand fest. Schneide einen Pterosaurier aus und klebe ihn auf den Drachen. Zum Schluss kommt noch eine Leine daran.

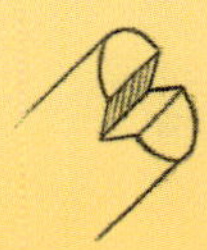

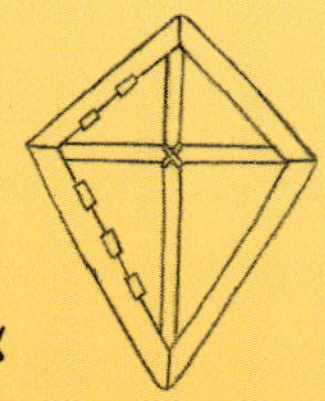

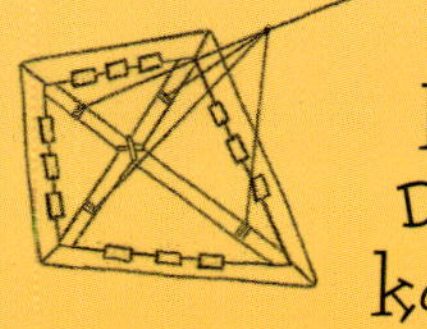

Libellen waren die ersten Insekten mit Flügeln. Meganeura war eine Riesen-Libelle mit einer Flügelspannweite von 75 cm.

Aussterben

Die Dinosaurier hatten 165 Millionen Jahre auf der Erde gelebt, bevor sie ausstarben. Alle Flugreptilien, Meeresreptilien und viele andere Tierarten starben zur selben Zeit aus. Niemand weiß genau warum.

Es gibt viele Theorien, warum die Dinosaurier verschwanden. Manche vermuten, dass Säugetiere zu viele Dinosaurier-Eier fraßen. Andere meinen, dass sich das Klima und die Lebensbedingungen änderten und es für die Dinosaurier vielleicht zu warm oder zu kalt wurde.

Wissenschaftler nehmen an, dass vor etwa 65 Millionen Jahren ein riesiger Meteorit auf die Erde stürzte. Der dabei aufgewirbelte Staub schirmte das Sonnenlicht ab, sodass es für Pflanzen zu kalt wurde, wodurch Pflanzen fressende Tiere keine Nahrung mehr fanden. Die Fleischfresser starben aus, da die Pflanzenfresser vor ihnen ausgestorben waren.

Fell und Federn

Nach dem Aussterben der Dinosaurier verbreiteten sich Säugetiere und Vögel. Im Gegensatz zu den Dinosauriern waren sie Warmblüter. Säugetiere haben ein Fell und gebären lebende Junge. Vögel besitzen ein Gefieder um sich warm zu halten.

Saghatherium war ungefähr so groß wie ein Löwe, aber sehr scheu. Es fraß Gras und hatte kleine Hufe an den Zehen.

Nicht alle Säugetiere lebten an Land. Desmostylus sah fast wie ein Walross aus und hatte Stoßzähne. Meist hielt es sich zum Fischfang im Meer auf, brachte seine Jungen aber an Land zur Welt.

Hyracotherium war eines der ersten Pferde. Es war kaum größer als eine Katze. Anstelle von Hufen besaß es an den Vorderfüßen je vier und an den Hinterfüßen je drei Zehen.

Diatryma war ein riesiger Vogel mit einem Schnabel wie ein Papagei. Er konnte nicht fliegen, aber sehr schnell rennen.

Smilodon war eine große gefährliche Raubkatze mit sehr scharfen Zähnen. Es tötete seine Beute mit seinen dolchartigen Eckzähnen.

Die ersten Menschen

Zunächst gab es in der Erdgeschichte sehr lange keine Menschen. Die ersten modernen Menschen lebten vor 100 000 Jahren. Sie stammten von Affenmenschen ab.

Die Menschen vor 15 000 Jahren ernährten sich durch Jagd, Fischfang und Pflanzen sammeln. Sie zogen auf der Suche nach Nahrung von Ort zu Ort und wohnten in Höhlen oder Zelten.

Einige lebten in Höhlen und malten dort Bilder von Tieren an die Höhlenwände. Die Malfarbe machten sie aus zerriebenem Gestein.

Die Menschen jagten Mammuts. Diese waren riesig und hatten ein langes dickes Fell um sich vor der Kälte zu schützen.

EIN MAMMUT

Zeichne von der Vorlage rechts diesen zottigen Mammut auf ein Stück Karton ab. Dann male seine Stoßzähne, Zehen und Augen aus. Das wuschelige Fell klebst du aus braunen Wollfäden auf. Wenn du willst, kannst du das ganze Tier ausschneiden.

nfertigen von
Verkzeugen

Die frühen Menschen waren geschickte Handwerker. Reste aus ihren Höhlen zeigen, dass sie Messer und Waffen aus scharfen Steinen sowie Werkzeuge aus Geweihen, Knochen und Mammut-Stoßzähnen herstellten.

Pflanzen

Pflanzenwelt

Es gibt Millionen verschiedener Pflanzenarten. Pflanzen wachsen fast überall auf der Erde. Sie haben alle möglichen Formen und Größen – von kleinen Moosen bis zu Baumriesen. Einige in der Wüste schießen nur nach Regen aus dem Boden, andere blühen in winzigen Ritzen hoch oben im Gebirge.

Wie viele andere Pflanzen hat die Rose hübsche Blüten. Ihr Duft ist meist süßlich.

In Regenwäldern wachsen viele Pflanzen hoch über dem Erdboden auf sonnigen Baumästen. Solche Pflanzen heißen Epiphyten. Sie holen sich ihr Wasser aus der feuchten Luft oder sammeln Regenwasser in ihren tassenförmigen Blättern.

Bäume sind die größten Pflanzen. Manche Arten wie die Eiche können viele Hundert Jahre alt werden. Die Samen der Eiche sind die Eicheln.

Pilze sind merkwürdige Pflanzen. Sie haben keine Blätter oder Wurzeln und sie sind nicht grün. Statt durch Samen vermehren sie sich durch Sporen.

Einige Pflanzen leben unter Wasser. Dichte Wälder von zähem Seetang wachsen am Meeresboden in Sand und Schlamm.

Lebende Pflanzen

Pflanzen benötigen Nahrung und Wasser zum Wachsen. Ihre Wurzeln nehmen Wasser aus dem Boden auf, ihre Blätter Luft und Sonnenlicht. Wasser, Luft und Licht bilden die Nahrung der Pflanzen.

ABLEGER

Grünlilien bilden Ableger um sich zu vermehren.

Schneide einen Ableger ab und stelle ihn in ein Glas Wasser.

Sobald er Wurzeln gebildet hat, kannst du ihn in einen kleinen Topf mit feuchter Erde pflanzen.

Alle Pflanzen haben Wurzeln. Einige besitzen dicke Wurzeln, andere Wurzelknollen als Nahrungsvorrat unter der Erde. Die gespeicherte Nahrung hilft ihnen zur richtigen Zeit zu wachsen.

Die Blätter nehmen Kohlendioxid auf und geben Sauerstoff ab.

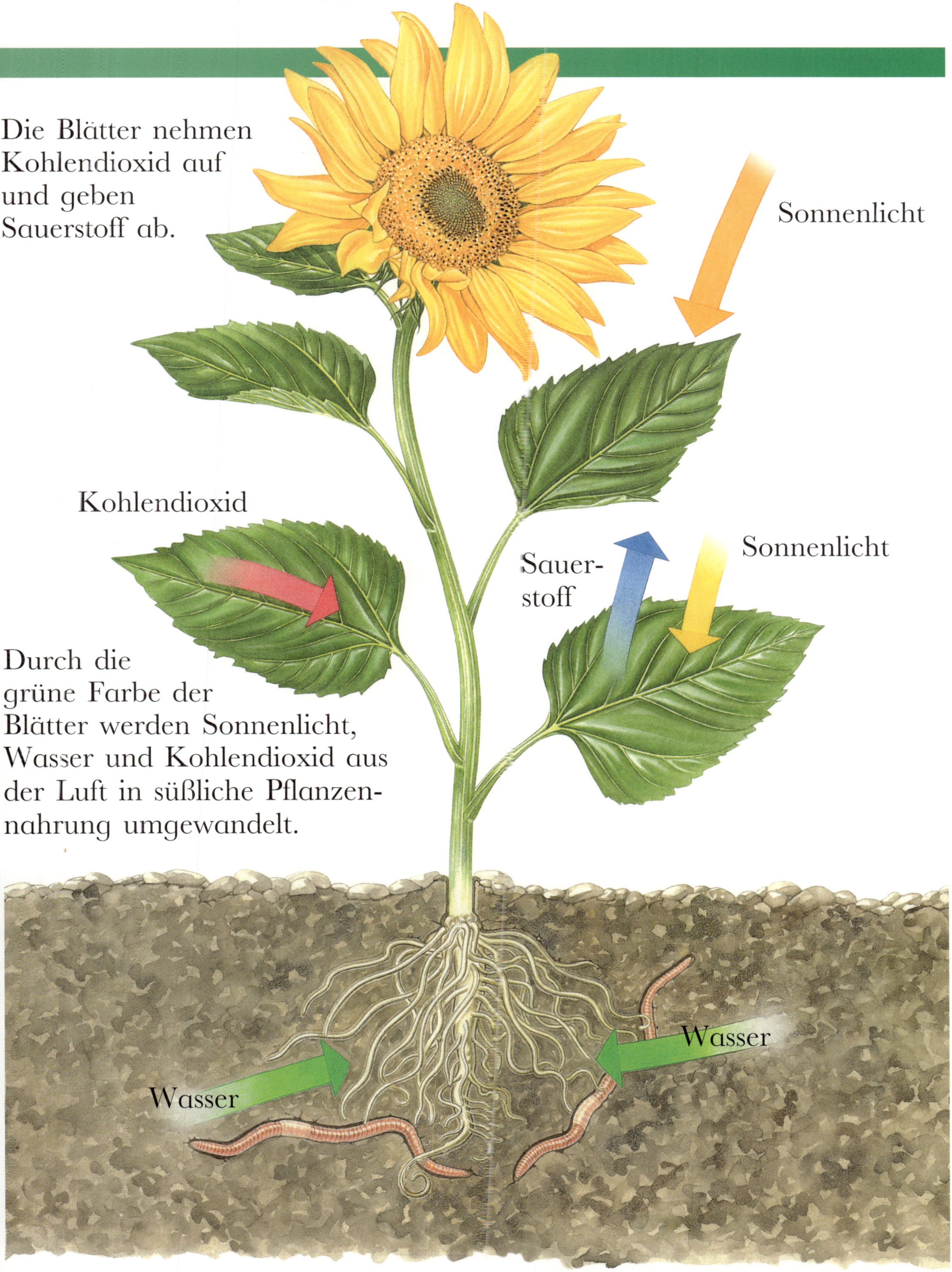

Durch die grüne Farbe der Blätter werden Sonnenlicht, Wasser und Kohlendioxid aus der Luft in süßliche Pflanzennahrung umgewandelt.

Blumen

Es gibt Blumen in fast jeder Farbe und Form – glocken- und sternförmige, runde und trompetenartige. Gartenblumen sind oft mit einfacheren Wildblumen verwandt.

Eine Blumenwiese im Frühling und Sommer: Schmetterlinge und andere Insekten suchen die Blüten. Sie werden von ihrem Duft und ihrer Farbe angezogen.

Einige Blumen wie diese Orchidee sind selten und wachsen nur an bestimmten Stellen. Man soll keine seltenen Blumen pflücken, damit sie für neue Pflanzen Samen bilden können.

BLÜTEN PRESSEN

Lege frische Blüten zwischen Löschpapier in ein Buch. Mach das Buch zu und beschwere es gut. Nach vier Wochen kannst du die gepressten Blüten auf Karten und Lesezeichen kleben.

Samenbildung

Um Samen bilden zu können benötigt eine Pflanze Pollen von einer anderen. Die meisten Blüten produzieren süßen Nektar um Vögel und Insekten anzulocken. Wenn diese den Nektar trinken, stoßen sie an die Pollen und tragen sie automatisch mit sich zur nächsten Pflanze. Man nennt das Bestäubung.

Winzige Kolibris bestäuben in den Tropen die Pflanzen. Sie holen mit ihrem langen Schnabel den Nektar aus der Blüte.

Kolobris mögen besonders Hibiskusblüten.

Viele Blüten werden von Insekten bestäubt. Die Bienenorchidee gaukelt den Bienen vor, sie wäre ein Bienenweibchen. Die Bienen landen auf ihr und nehmen dabei den klebrigen Pollen mit.

Weidenkätzchen sind männliche Baumblüten. Der Wind weht ihre Pollen zu weiblichen Bäumen, sodass diese Samen bilden können.

Alle Blumen haben die gleichen Bestandteile. Um Samen produzieren zu können wird Pollen von den Staubgefäßen einer Blüte zur Narbe einer anderen gebracht.

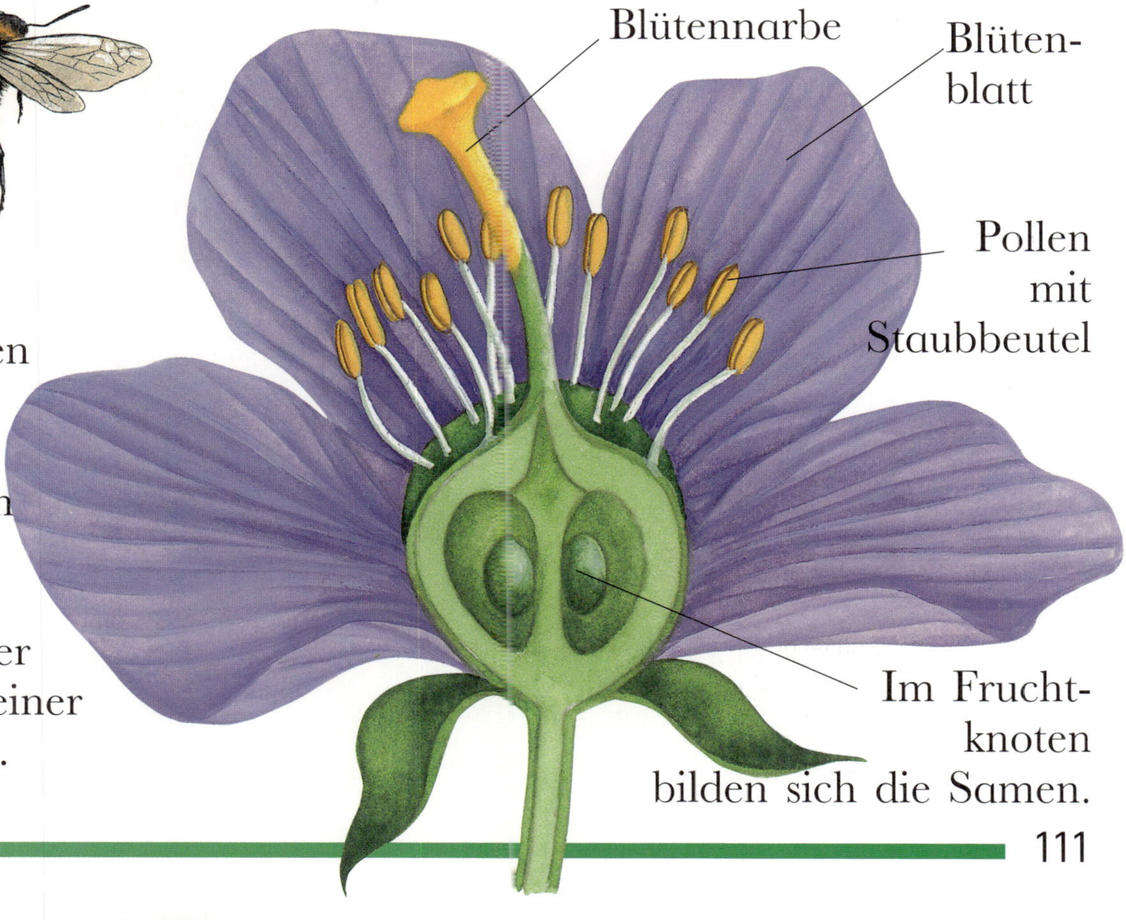

Früchte und Beeren

Nachdem eine Blüte bestäubt wurde beginnen die Samen zu wachsen. Sie liegen in einer weichen Frucht. Manche Früchte haben nur einen großen Samen oder Kern. Beeren enthalten viele kleine Samen.

Im Herbst sind die Hecken voller reifer, saftiger Beeren. Von ihnen leben Vögel und andere Tiere. Der Samen aus den Beeren gelangt später mit dem Vogelkot auf den Boden.

Suche diese Beeren im Bild:

1 Weißdorn
2 Hagebutte
3 Brombeere
4 Holunderbeere
5 Eberesche

KÜRBISKOPF

Bitte einen Erwachsenen, einen Kürbis oben aufzuschneiden. Kratze das Fleisch heraus und schneide Löcher in den Kürbis, dass er wie ein Gesicht aussieht. Nun kommt ein kleines Loch in den Deckel. Befestige eine Kerze unten im Kürbis und lasse sie von einem Erwachsenen anzünden.

Alle Bäume produzieren Früchte. Diese enthalten Samen für neue Bäume. Einige Früchte wie die Orange sind weich. Nüsse sind Baumfrüchte mit einer harten Schale.

Orangenbaum

Samen

Die meisten Pflanzen wachsen im Frühling, wenn es warm und feucht ist, aus Samen. Durch die Feuchtigkeit quillt der Samen auf und keimt. Erst entstehen die Wurzeln, dann die Keimblätter.

Die Samen in Beeren kommen oft durch Vogelkot auf die Erde.

Löwenzahnsamen werden vom Wind fortgetragen.

Wenn ein Samenkorn keimt, öffnet es sich und eine Wurzel wächst. Der Keim treibt durch die Erde ans Licht. Mithilfe von Blättern ernährt sich die Pflanze später.

KRESSEGARTEN

Stopfe Papiertaschentücher in saubere Eierschalen. Oben streust du Kressesamen auf. Halte das Ganze feucht. Nach zehn Tagen kannst du die erste Kresse ernten.

Manche Samen verbergen sich in saftigen Früchten. Andere wie die Nüsse haben zum Schutz harte Schalen.

Rosskastanie

Pfirsich

Kieferzapfen

Ahornnüsse

Bäume

Bäume sind die größten Pflanzen auf der Erde. Sie haben starke Holzstämme und Äste. Es gibt zwei Hauptarten: Laubbäume verlieren ihre Blätter im Winter, Nadelbäume bleiben immer grün.

Das Laub ändert seine Färbung meist im Herbst.

Rosskastanie (Blüten)

Rosskastanie (Frucht)

Laubbäume wie die Kastanie verlieren im Herbst ihre Blätter und bilden neue im Frühjahr. Im Winter sind die Laubbäume ganz kahl.

Rosskastanie

Fichte

RINDENABDRUCKE

Befestige ein Blatt Papier mit Klebestreifen an einem Baum. Streiche nun mit der quer gehaltenen Wachskreide über das Papier.

Die meisten Nadelbäume bilden ihre Samen in Zapfen aus.

Nadelbäume wie die Fichte haben lange dünne Nadeln mit einer harten, wachsartigen Oberfläche. Sie bleiben mehrere Jahre am Baum, bevor sie abfallen – allerdings nie alle zugleich.

Farne und Pilze

Farne, Pilze, Moose und Flechten sind ungewöhnliche Pflanzen. Sie haben keine Blüten und Wurzeln. Statt Samen bilden sie winzige Sporen, aus denen neue Pflanzen wachsen.

Der Fliegenpilz ist sehr giftig.

Sporen des Bovists

Der Bovist platzt auf und gibt dabei winzige Sporen frei.

Pilze sind nicht grün und haben weder Blätter noch Wurzeln. Sie können auch nicht allein Nahrung bilden. Stattdessen durchdringen sie verfaulende Pflanzen oder Tierdung mit einem feinen Fasernetz um sich zu ernähren.

Farne wachsen an feuchten, schattigen Stellen. Sie können winzig wie Moos sein, aber auch baumhoch werden. Farne bilden kleine runde Sporen an den Blattunterseiten.

Moosteppiche wachsen an feuchten Stellen. Unter der Lupe sieht das aus wie ein Wald aus winzigen Stängeln und Blättern.

Ein Farnwedel rollt sich beim Wachsen langsam aus.

Flechten leben an Bäumen, Steinen und Felsen. Sie wachsen nur sehr langsam.

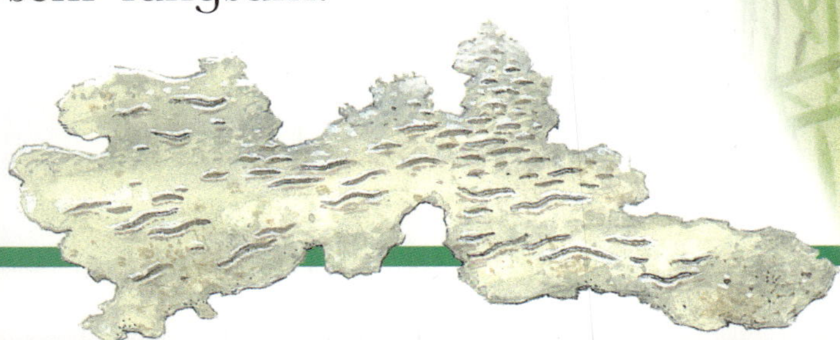

Wasserpflanzen

Viele Pflanzenarten leben im Wasser, in Flüssen, Teichen, Seen und sogar im Meer. Die meisten wurzeln im Schlamm am Boden. Einige Wasserpflanzen sind groß, andere nur unter einem Mikroskop zu erkennen.

Hohes Schilf wächst an Fluss- und Seeufern. Seerosen wachsen mitten im Wasser. Ihre Stängel reichen durch die ganze Wassertiefe und enden an der Oberfläche in großen flachen Blüten.

Schilfrohr

Seerose

Mangrovenbäume wachsen in Salzwassersümpfen in heißen Ländern. Ihre Wurzeln sehen wie Pfähle aus. Sie verankern die Bäume und halten ihre Äste über dem Wasser.

Grüner, roter und brauner Seetang wächst nicht am Meeresboden, sondern an felsigen Küsten. Der Tang bezieht seine Nahrung aus dem Meerwasser, indem er sie mit seinen gummiartigen Wedeln aufsaugt.

Die Amazonas-Riesenseerose wächst im Amazonas in Südamerika. Ihre schwimmenden Blätter können bis zu zwei Meter Durchmesser haben.

Pflanzen und Tiere

Ohne Pflanzen gäbe es keine Tiere, denn sie bieten ihnen Nahrung und Schutz. Im Gegenzug verbreiten Tiere Pflanzensamen für neue Pflanzen.

Feldmäuse fressen wie viele andere kleine Tiere Grassamen. Manche Samen bleiben mit ihren Stacheln an ihrem Fell hängen und werden fortgetragen. Sie fallen ab und keimen.

Manche Tiere fressen nur eine Sorte Pflanzen. Die Koalas leben in den australischen Eukalyptuswäldern und ernähren sich nur von Eukalyptusblättern.

Distelfinken fressen Samen, indem sie sie mit ihrem Schnabel knacken. Mit ihrem Kot verbreiten sie auch unverdaute Samen.

Die Blattschneiderameise zerschnipselt Laub und trägt es in ihren Bau, wo die Blätter zu Brei zerkaut werden. Diese Ameise ernährt sich von Pilzen, die auf dem Blätterbrei wachsen.

Fleisch fressende Pflanzen

Es gibt merkwürdige Pflanzen, die Fleisch fressen. Insekten, die auf ihnen landen, werden in einer Falle gefangen. Durch Säfte löst die Pflanze die Insekten zu einer Flüssigkeit, die sie aufsaugt.

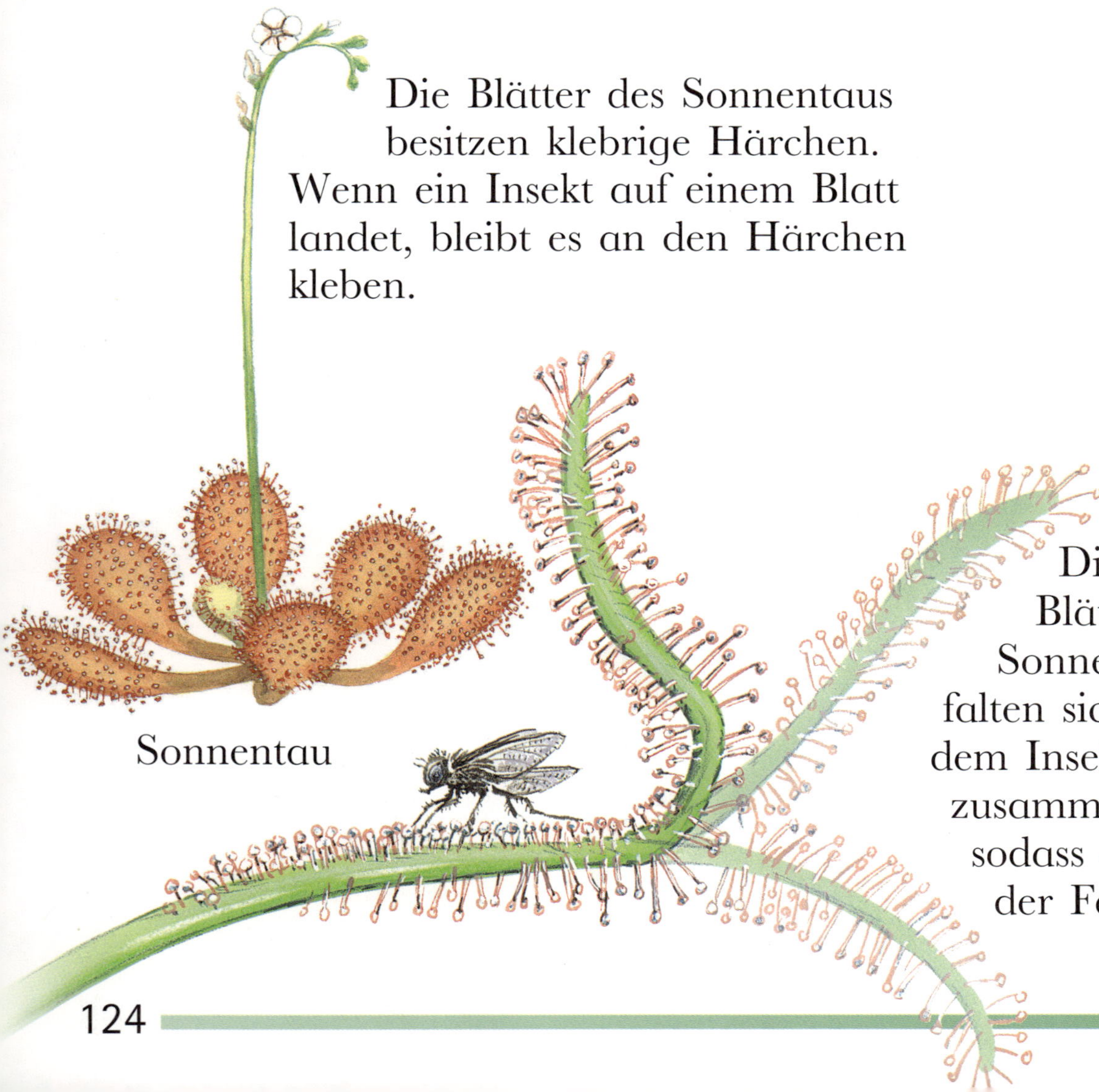

Die Blätter des Sonnentaus besitzen klebrige Härchen. Wenn ein Insekt auf einem Blatt landet, bleibt es an den Härchen kleben.

Venus-
fliegenfalle

Sonnentau

Die Blätter des Sonnentaus falten sich über dem Insekt zusammen, sodass es in der Falle sitzt.

Die Venusfliegenfalle bewegt sich um Insekten zu fangen. Wenn eine Fliege auf einem ihrer offenen Blätter landet, streift sie dabei winzige Härchen. Dadurch klappt das Blatt zu und das Insekt sitzt in der Falle.

Die Kannenpflanze hat kannenförmige Behälter an ihren Blattenden. Diese Fallen haben glatte Wände und sind halb mit einer Flüssigkeit gefüllt. Die Insekten fallen hinein und ertrinken.

Verteidigung

Pflanzen sind immer von hungrigen Tieren bedroht. Sie können nicht fortlaufen, müssen sich also anders schützen. Einige Pflanzen haben Dornen oder Stacheln, andere sind giftig oder schmecken scheußlich.

Wenn Blätter des giftigen Efeus beschädigt werden, sondern sie eine milchige Flüssigkeit ab. Sie ist ätzend und verursacht Blasen.

Kakteen sind innen sehr saftig, denn sie speichern Wasser und Nahrung. Sie besitzen spitze Stacheln um sich vor durstigen Wüstentieren zu schützen.

Giraffen können mit ihrem langen Hals Baumkronen abfressen. Besonders mögen sie junge Akazienblätter. Der Akazienbaum hat jedoch spitze Dornen, an denen sich andere Tiere verletzen würden.

Manche Nesselarten sind mit winzigen Stacheln bedeckt. Wenn ein Tier vorbeistreift, stechen die Stacheln durch die Haut und injizieren eine brennende Flüssigkeit.

„Lebende Steine“ sind Pflanzen, die sich zum Schutz vor Tieren tarnen. Sie sehen aus wie Steine und sind daher nur schwer zu erkennen.

Essbare Pflanzen

Vieles, was wir essen und trinken, ist aus Pflanzen gemacht. Obst und Gemüse stammen von Pflanzen. Mehl, Zucker, Kaffee und Schokolade sind pflanzliche Produkte. Essbare Pflanzen werden auf der ganzen Welt von Bauern angebaut.

Unser Gemüse stammt von verschiedenen Teilen der Pflanzen – Karotten z.B. von Wurzeln, andere Arten von Blättern, Stengeln, Knollen oder Samen.

Wein-
trauben

Oliven

Früchte wachsen an Sträuchern, Bäumen oder Weinreben. Aus Trauben wird auch Wein hergestellt, aus Oliven wird Öl gepresst.

Die Körner von Getreide wie Weizen, Hafer oder Roggen werden teilweise zu Mehl gemahlen oder zu Müsliprodukten verarbeitet.

SALAT IM TOPF

Fülle ein Saatkistchen mit Komposterde und sähe Salat aus. Besprühe es mit Wasser und decke es mit einer Folie ab. Die Erde muss immer feucht bleiben.

Wenn die Pflanzen keimen, nimm die Folie ab. Nun müssen sie in größere Töpfe umgesetzt werden.

Exoten

Einige Pflanzen sind sehr ungewöhnlich in ihrer Form, ihrem Duft oder ihrer Größe. Andere sehen ganz normal aus, leben jedoch an extremen Standorten.

Die Rafflesia ist mit fast einem Meter Durchmesser die größte Blume der Erde. Sie stinkt nach verdorbenem Fleisch um Fliegen anzulocken, die sie bestäuben.

In manchen Wüsten sprießen die Blumen nach Regenfällen. Sie bilden ihre Samen ganz schnell und verdorren. Manchmal keimen die Samen erst nach Jahren – wenn es das nächste Mal regnet.

Bonsais sehen aus wie große Bäume, sind aber winzig – nicht viel größer als ein Schmetterling. Sie wachsen nicht von Natur aus so, sondern werden von Menschen extra getrimmt, damit sie klein bleiben.

Die größten und ältesten Lebewesen auf der Erde sind die Redwood-Bäume in Kalifornien/USA. Der größte ist über 112 Meter hoch und hat einen Stammumfang von über 25 Meter.

Redwood-Baum

Tierwelt

Reptilien

Schlangen, Echsen, Krokodile und Schildkröten sind Reptilien. Sie besitzen eine trockene Schuppenhaut und sind Kaltblüter. Das bedeutet, dass ihre Körper genauso warm wie die Umgebung sind. Sie wärmen sich in der Sonne auf und kühlen im Schatten ab.

Die meisten Reptilien schlüpfen aus Eiern – wie diese Schlange. Reptilieneier haben keine harte Schale, sondern sind lederartig.

Gecko

Schlangen und Echsen wie dieser Gecko häuten sich, wenn sie größer werden. Darunter ist schon eine neue Haut.

Eine Schlange riecht nicht mit der Nase, sondern mit der gespaltenen Zunge. Sie züngelt ständig herum, um Nahrung zu suchen.

Die Kragenechse stellt eine Hautfalte am Nacken auf. Dadurch sieht sie gefährlich aus und treibt Feinde in die Flucht.

Schlangen

Es gibt Tausende von Schlangenarten. Die meisten leben in heißen Ländern. Die kleinsten sind nur so lang wie eine Hand, die längsten über zehn Meter. Schlangen sind Fleischfresser und verschlingen ihre Beute als Ganzes.

Die Korallenschlange (oben) zieht sich wie eine Ziehharmonika zusammen und gleitet dann nach vorn. Schlangen haben keine Beine, können sich aber sehr schnell bewegen.

Die gewaltige Anakonda erdrückt ihre Beute. Sie windet sich um sie herum und zieht sich so fest zusammen, dass das Beutetier erstickt.

Baumschlangen leben hoch in den Baumkronen der Regenwälder. Sie schlingen ihren Körper um Zweige und warten so auf kleinere Beutetiere.

Manche, aber längst nicht alle Schlangen sind giftig. Die Klapperschlange beißt ihre Beute mit ihren Giftzähnen tot.

RINGELSCHLANGE

Zeichne eine große Spirale auf Papier. Male farbige Muster und zwei Augen darauf. Schneide dann die Spirale aus und hänge die Schlange an einen Faden.

Echsen

Geckos, Iguanas, Chamäleons und Blindschleichen sind Echsen. Sie leben meist am Boden, manche aber auch in Baumkronen oder unter der Erde. Die meisten Echsen fressen Insekten.

Viele Echsen haben helle Farben und Muster. Diese Perleidechse erhielt ihren Namen aufgrund der runden blauen Flecken auf ihren Seiten.

Die Gilaechse ist eine giftige Echse. Sie bildet Gift in ihrem Maul um kleine Beutetiere zu töten.

Der Moloch sieht sehr geharnischt aus, ist aber ganz harmlos.

Das Chamäleon lebt auf Bäumen. Seine Zunge ist so lang wie sein Körper um Insekten zu fangen.

Chamäleon

Der Komodowaran (unten) ist die größte Echsenart. Mit seinen scharfen, gezackten Zähnen ist er sehr gefährlich.

Komodowaran

Das Chamäleon ändert seine Hautfarbe um sich der Umgebung anzupassen. Dadurch kann es sich gut tarnen.

Schildkröten

Schildkröten sind die einzigen Reptilien, die sich mit einem harten Panzer vor Feinden schützen. Es gibt Land- und Wasserschildkröten, die mit ihren Flossen sehr schnell schwimmen können. Zur Eiablage kommen sie an Land.

Sie gräbt eine Mulde, legt ihre Eier hinein und deckt sie mit Sand zu.

Eine Schildkröte schwimmt nachts an den Strand um dort Eier abzulegen.

Wenn die kleinen Schildkröten ausgeschlüpft sind, rennen sie ganz schnell ins Meer.

Eine Landschildkröte läuft ziemlich langsam. Wenn sie sich bedroht fühlt, zieht sie Kopf und Beine in den Panzer ein.

MEINE SCHILDKRÖTE

Mache zwei Löcher in eine Papierschale, ziehe ein Gummiband durch und verknote die Enden. Klebe braune Papiermuster außen auf die Schale. Auf den Mittelfinger eines Plastikhandschuhs klebst du zwei Augen aus Karton. Zieh den Handschuh an, stülp die Schale über und schon wandert die Schildkröte los.

Riesenschildkröten leben auf den Galapagos-Inseln. Sie können über 50 Jahre alt und über einen Meter lang werden.

Krokodile

Krokodile leben normalerweise in Flüssen in heißen Ländern. Die meiste Zeit verbringen sie im Wasser und warten auf Beutetiere, die zum Trinken kommen. Dann schnellen sie zum Angriff vor. Nur wenige Tiere entkommen ihren scharfen Zähnen.

Krokodile treiben im Wasser, wobei sie nur ihre Augen und Nase über Wasser halten.

Alligator

Gavial-Krokodil

Kaiman

Diese drei Tiere sind mit dem Krokodil verwandt. Sie unterscheiden sich durch ihre Schnauzen.

Ein Alligator (oben) sonnt sich am Flussufer. Er kühlt sich ab, indem er sich in tieferem Wasser wälzt.

Ein Muttertier (unten) schaut nach seinen Eiern. Wenn die Jungen schlüpfen, trägt es sie im Maul vorsichtig zum Fluss.

Amphibien

Die meisten Amphibien werden im Wasser geboren, halten sich später aber auch am Land auf. Frösche, Kröten, Salamander und Molche gehören zu den Amphibien. Sie leben von Insekten, Schnecken und anderem kleinen Getier.

Frösche haben eine weiche schleimige Haut und lange Hinterschenkel. Sie sind gute Springer und Schwimmer.

Kammmolch

Molche verbringen einen Teil des Jahres an Land. Sie halten einen Winterschlaf und im Frühling suchen sie einen Teich zur Eiablage.

Kröten sind rundlicher als Frösche und haben eine trockene narbige Haut. Sie besitzen kürzere Beine als Frösche und watscheln schwerfällig.

Die Ringelwühle sieht wie ein Wurm aus, besitzt aber scharfe Zähne. Sie lebt in tropischen Regenwäldern und verkriecht sich in vermoderndem Laub.

Salamander haben wie Molche lange Schwänze. Sie sind sehr scheu und verstecken sich an feuchten Stellen unter Steinen und Baumstämmen.

Frösche

Frösche haben viele Lebensräume. Einige leben sogar in Baumkronen. Alle Frösche legen ihre Eier im Wasser ab. Aus ihnen schlüpfen Kaulquappen, die erst nach einer Metamorphose das Aussehen von Fröschen bekommen.

Ein Frosch kann weit springen, weil seine Hinterschenkel wie Federn arbeiten. Er zieht die Schenkel zum Springen erst an und streckt sie dann schnell.

2. In den Eiern wachsen Kaulquappen heran.

1. Ein Frosch legt Hunderte Eier in einem durchsichtigen Gelee (dem Laich) ab.

Muttertier

Baumfrösche haben Haftflächen an ihren Füßen um sich an Zweigen festzuhalten.

SEI EIN FROSCH!

Probier mal, ob du wie ein Frosch springen kannst. Hocke dich und stütze deine Hände vorn zwischen deine Füße. Nun springe vorwärts - du musst in der gleichen Position aufkommen! Ob du wohl bei einem Froschrennen gewinnen würdest?

Was ist ein Fisch?

Fische leben im Wasser und können gut schwimmen. Manche sind so klein wie Kaulquappen, andere so groß wie Krokodile. Es gibt ganz platte und runde. Die Grundform ist aber immer die gleiche.

Glitschige Schuppen helfen dem Fisch leicht durch das Wasser zu schwimmen.

Mit ihren Flossen steuern die Fische ihre Bewegung.

Die meisten Fische legen Eier – Hunderte auf einmal.

Fische besitzen keine Augenlider. Ihre Augen sind beim Schwimmen immer weit offen.

Manche Fische leben im salzigen Meer, andere im Süßwasser von Flüssen und Seen.

Fische besitzen schlitzförmige Kiemen auf beiden Kopfseiten, mit denen sie unter Wasser atmen können.

Durch Hin- und Herbewegen des Schwanzes bewegt sich der Fisch vorwärts.

AQUARIUM

Male einen Karton innen blau-grün aus. Drehe ihn auf die Seite und lege Kiesel und Muscheln hinein. Nun malst du bunte Fische, schneidest sie aus und hängst sie an einem Faden oben am Karton auf.

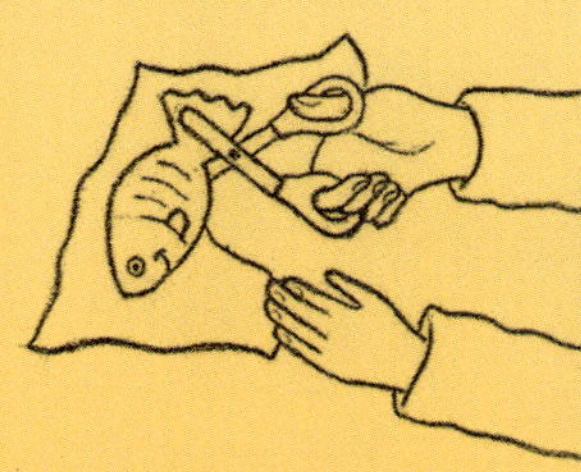

Korallenfische

Tausende leuchtend bunter Fische schießen durchs klare blaue Wasser eines Korallenriffs. Korallen wachsen in vielen Formen und Farben – wie ein Untersee-Steingarten. Das Wasser ist seicht und hell und es gibt viel Nahrung.

Die meisten Fische des Korallenriffs haben bunte Streifen oder Punkte. Dadurch hat es ein Fressfeind schwer, die Fische zwischen den Korallen zu erkennen.

1. Gelber Trompetenfisch
2. Kofferfisch
3. Papageifisch
4. Falterfisch
5. Rotfeuerfisch
6. Engelbarsch

Raubfische

Viele Meerestiere leben von Pflanzen, aber es gibt auch gefährliche Raubfische. Einige fangen ihre Beute durch Schnelligkeit, andere haben ungewöhnlichere Methoden entwickelt.

Der Weiße Hai jagt mit seinem Geruchssinn. Wenn er Beute wittert, schwimmt er blitzschnell darauf zu. Er schnappt sie mit seinen gewaltigen Kiefern und verschlingt sie als Ganzes.

Der Walhai ist zwar der größte Fisch der Erde, aber er ernährt sich nur von Plankton, den kleinsten Meereslebewesen.

Medusen (Quallen) ziehen ihre langen stechenden Tentakel durchs Wasser um Fische zu fangen.

Der Tintenfisch gleitet über den Meeresboden und fängt mit einem seiner acht langen Arme Schalentiere.

Tintenfisch

Tiefseefische

In den tiefsten Meeresregionen ist es nachtschwarz und eiskalt. Keine Pflanzen wachsen dort und es gibt kaum Nahrung. Trotzdem können einige seltsame Meerestiere überleben.

Viele Tiefseefische sind schwarz, sodass sie kaum zu sehen sind. Einige haben kleine Leuchtpunkte am Körper um kleinere Fische anzulocken, die dann gefressen werden. Die Leuchtpunkte dienen auch als Signale um einen Partner zu finden.

1. Sackmaulaal
2. Seeteufel
3. Tiefseekrabbe
4. Seegurke
5. Laternenfisch
6. Dreifußfisch
7. Seestern

Leben in einer Schale

Viele an Meeresküsten oder auf dem Meeresboden lebende Tiere haben Schalen um ihren Körper zu schützen. Sie können alle möglichen Formen haben – von Riesenkrabben bis zu winzigen Garnelen, die kaum erkennbar sind.

Miesmuscheln besitzen zwei Schalenhälften, die eng aneinander schließen.

Eine Krabbe besitzt eine harte Schale, die sie vollständig umschließt. Die Augen ragen durch Öffnungen in der Schale heraus.

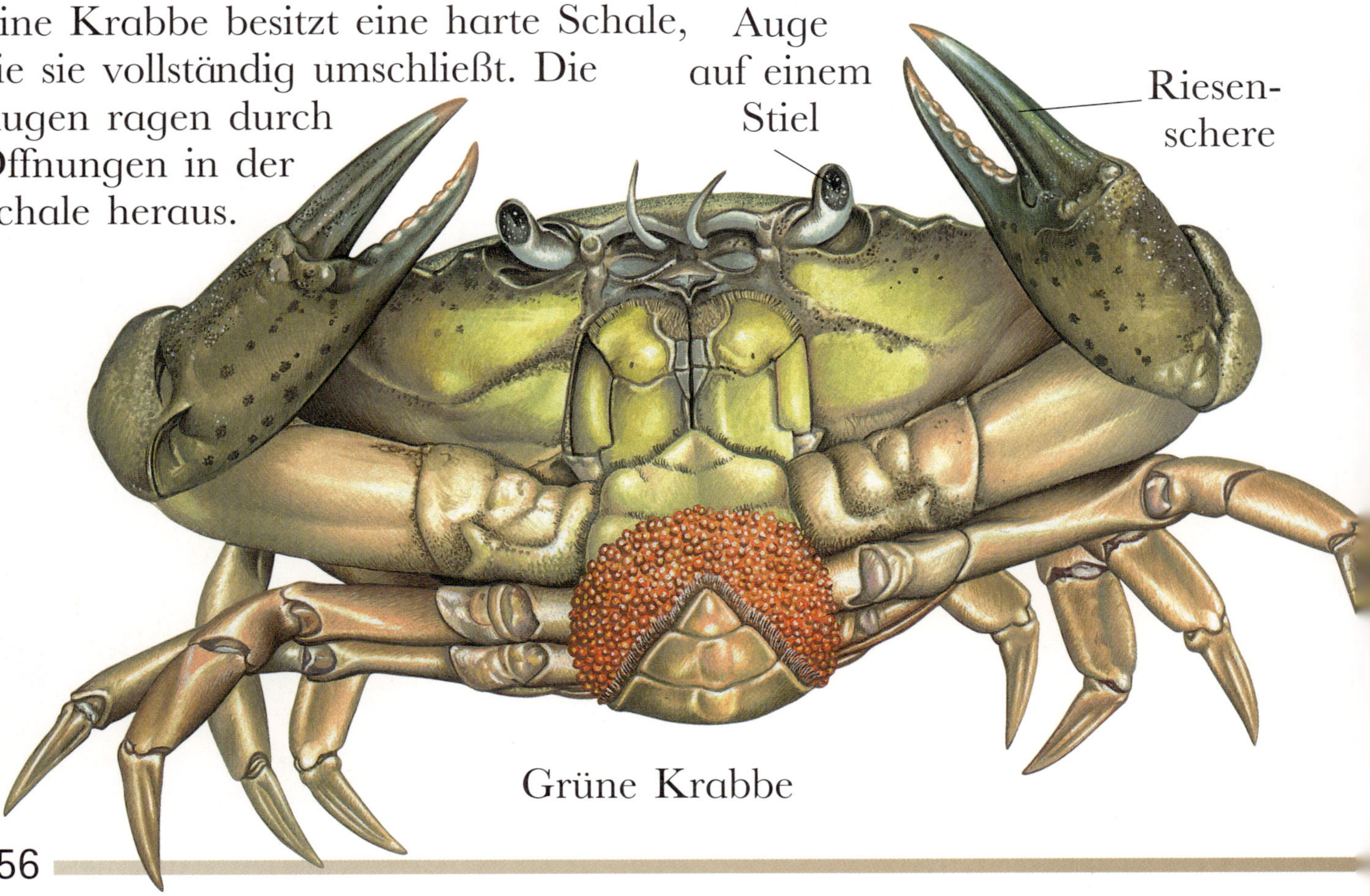

Grüne Krabbe

Hummer und Krabben besitzen vorn gewaltige Scheren, mit denen sie Nahrung aufnehmen und Feinde abwehren.

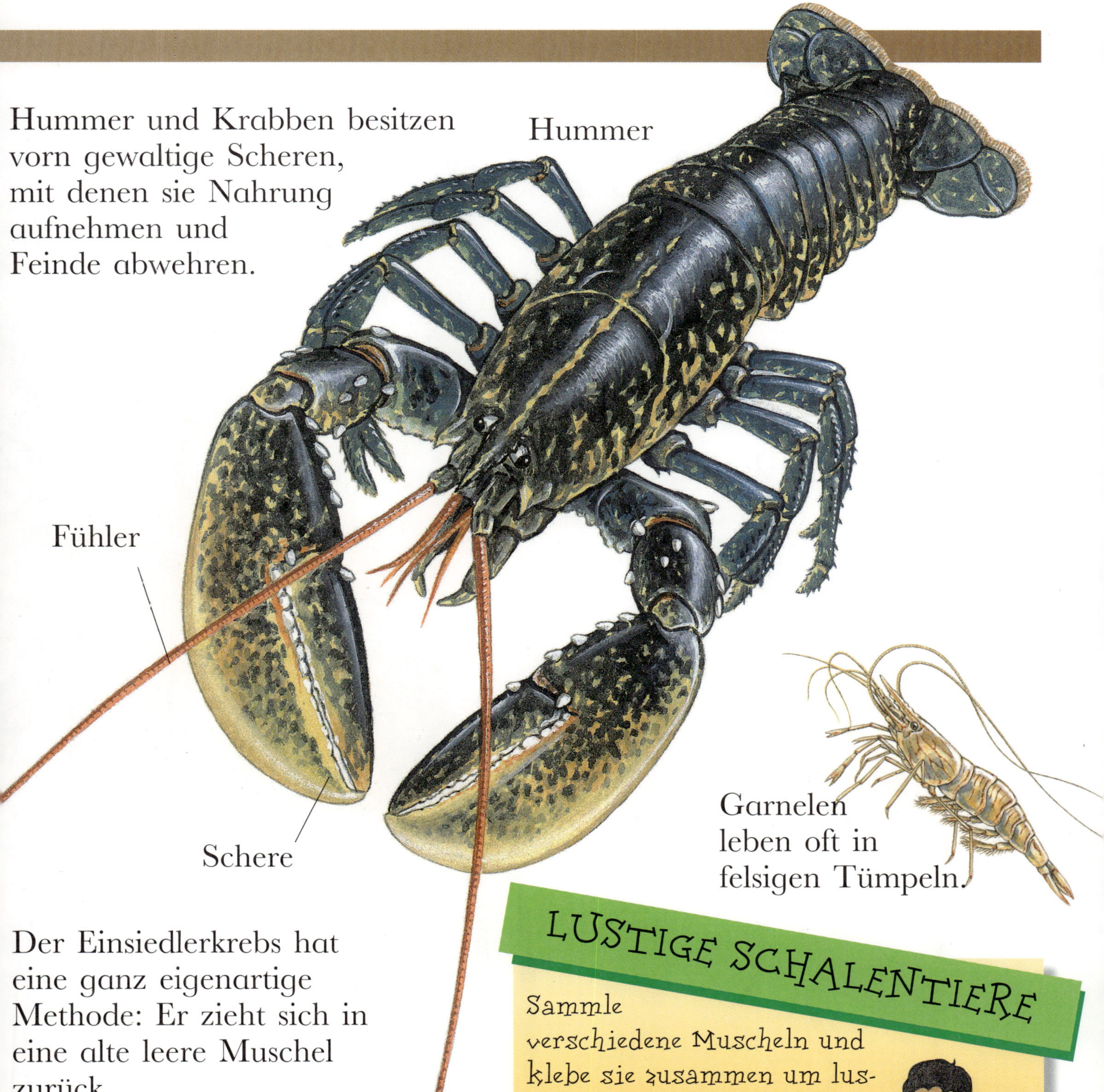

Garnelen leben oft in felsigen Tümpeln.

Der Einsiedlerkrebs hat eine ganz eigenartige Methode: Er zieht sich in eine alte leere Muschel zurück.

LUSTIGE SCHALENTIERE

Sammle verschiedene Muscheln und klebe sie zusammen um lustige Schalentiere zu bauen. Aus kleinen Muscheln kannst du Füße und Augen machen.

Insekten

Die meisten Insekten sind klein. Ihr Körper besteht aus drei Teilen: dem Kopf, dem Mittelleib und dem Hinterleib. Ein Insekt hat sechs Beine und zwei Fühler. Sein Körper ist durch eine harte Schale geschützt.

Die Flügel dieses bunten Käfers sind unter einem großen gestreiften Schild auf seinem Rücken verborgen.

Honigbienen ernähren sich vom süßen Nektar in Blüten, den sie mit ihrem Rüssel aufsaugen. Honigbienen sammeln auch Blütenpollen.

Ameisen leben in Völkern.

Ein Schmetterling hat zwei Flügelpaare. Wenn er sich ausruht, faltet er sie über dem Rücken zusammen.

Dieses Blattinsekt schaut wie das Blatt aus, auf dem es sitzt, sodass Fressfeinde es kaum erkennen können.

Termiten leben in riesigen Völkern. Ihre großen Bauten bestehen aus Schlamm und Sand und sollen die Königin tief im Innern des Baus schützen.

Die Stabheuschrecke sieht wie ein Zweig aus.

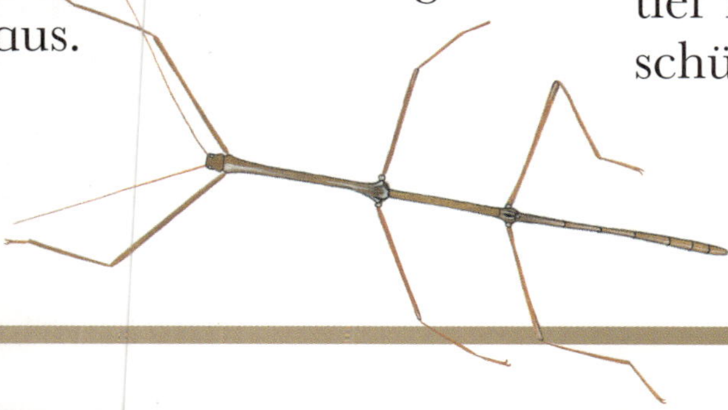

Termit

Schmetterlinge

An einem warmen Sommertag fliegen die Schmetterlinge auf der Suche nach Nektar von Blüte zu Blüte. Ihre schönen Muster auf den Flügeln bestehen aus Tausenden von winzigen bunten Schuppen. Motten oder Nachtfalter sind ebenfalls Schmetterlinge.

Monarch-
falter

Ein Schmetterling beginnt sein Leben als Raupe. Er muss sein Aussehen völlig ändern um ein Schmetterling zu werden.

1. Ein Schmetterling legt auf einer Pflanze Eier ab.

2. Aus den Eiern schlüpfen Raupen.

3. Die Raupen fressen sich immer größer.

Brauner Bär

Motten haben dickere Körper als Schmetterlinge. Ihre Fühler sind dünner als Schmetterlingsfühler und außerdem behaart.

Der Totenkopf hat eine schädelartige Form oben auf seinem Kopf.

Blutbär

4. Nun verpuppt sich die Raupe.

5. Aus der Puppe entwickelt sich ein Schmetterling.

Kleinlebewesen

Es gibt viele kleine Tiere, die weder Insekten sind noch fliegen können. Die meisten verstecken sich am Tag unter Pflanzen oder Steinen. Erst in der Dunkelheit oder nach einem Regen gehen sie auf Nahrungssuche.

Der Regenwurm frisst Erde, während er sich hindurchgräbt. Er hat weder Augen noch Ohren oder Beine.

Skorpione leben meist in heißen Regionen. Sie sind sehr aggressiv und fangen ihre Beute mit ihren großen Zangen um sie dann mit dem Giftstachel am Schwanzende zu töten.

Die behaarte Tarantel ist eine der größten Spinnen der Erde.

Der Tausendfüßer hat ganz viele winzige Beine. Jedes Segment seines Körpers besitzt ein Beinpaar.

WOLLSPINNE

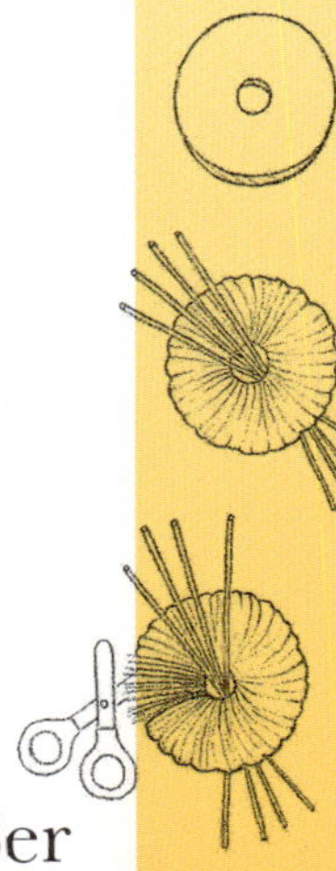

Mache einen Pompon: Wickle dazu Wolle dick um zwei Pappscheiben mit Loch in der Mitte. Lege außerdem vier Pfeifenreiniger durch das Loch. Schneide die Wolle rund um den Außenrand auf und verknote zwischen beiden Pappscheiben die Stränge mit einem Faden. Zieh die Scheiben ab. Biege die Pfeifenreiniger zu Beinchen und klebe noch Augen auf.

Schnecken gleiten über den Boden und lassen eine Schleimspur hinter sich. Wenn sie sich bedroht fühlen, ziehen sie sich in ihr Haus zurück.

Vögel und Säugetiere

Die Vogelwelt

Es gibt Tausende Vogelarten in nahezu jeder Farbe, Form und Größe. Vögel sind die einzigen Tiere mit Gefieder und die meisten von ihnen können fliegen. Der kleinste Vogel ist gerade so groß wie ein Schmetterling, der größte größer als ein Mensch.

Der winzige Zaunkönig ist nur so lang wie dein Finger.

Ein Vogelkörper ist eine gut funktionierende Flugmaschine. Vögel haben sehr leichte Knochen und starke Flügelmuskeln um das Fliegen zu erleichtern. Ihr Gefieder hält sie warm und trocken. Mit dem Schwanz können sie im Flug lenken und abbremsen.

Die Form eines Vogelschnabels ist auf seine Nahrung abgestimmt. Der riesige Schnabel des Tukans eignet sich gut zum Beeren pflücken.

Das glatte Gefieder erleichtert dem Wanderfalken das Fliegen und Tauchen.

Der Strauß kann nicht fliegen. Er ist der größte und schwerste Vogel.

Das Fliegen

Vögel sind erstaunliche Akrobaten. Sie können herabstoßen, segeln und schweben. Fledermäuse und Insekten fliegen ebenfalls, aber Vögel fliegen schneller, höher und weiter. Einige können sich jahrelang in der Luft halten.

Um zu fliegen bewegt ein Vogel seine Flügel auf und ab. Große Vögel schlagen ihre Flügel langsam, kleine schnell.

Die Vogelarten haben verschieden geformte, an ihre Lebensweise angepasste Flügel. Ein Eisvogel hat kurze, feste Flügel. Sie sind sehr kräftig und ermöglichen ihm das Abheben nach dem Tauchen.

Eine Gans klappt ihre Flügel genau über dem Rücken hoch.

Dann klappt sie sie ganz nach unten.

Der Albatrotros segelt mit seinen über drei Meter weiten Flügeln. Sie sind schmal und haben eine Form wie bei einem Segelflugzeug.

Winzige Kolibris schweben, während sie Nektar aufsaugen. Sie müssen dafür 50-80 Mal in der Sekunde mit den Flügeln schlagen, wodurch ein summendes Geräusch entsteht.

MACH EIN FLUGENTE

Zeichne den Umriss einer Ente auf Karton. Male sie an und schneide sie aus, ebenso zwei Flügel.

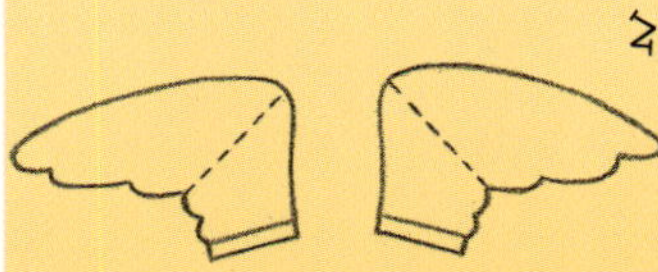

Falte die Flügel entlang der punktierten Linien und klebe sie mit dem unteren Streifen an. Die Ente kannst du mit einem Gummiband aufhängen.

Raubvögel

Raubvögel sind Jäger mit scharfen Schnäbeln und Krallen. Sie können ausgezeichnet sehen. Sie gleiten hoch in der Luft und spähen nach Beute. Wenn sie ein Beutetier unter sich erblicken, stürzen sie hinab und töten es.

Adler sind die größten Raubvögel. Sie besitzen lange scharfe Krallen, mit denen sie ihre Beute angreifen. Der Seeadler fängt Fische. Er stürzt sich ins Wasser, ergreift einen Fisch und trägt ihn davon.

Eulen jagen nachts und können im Dunkeln sehr gut sehen. Durch ihre wellige Federform an den Flügeln können sie fast geräuschlos fliegen.

Gruppen von Geiern versammeln sich an einem Tierkadaver. Sie fressen meist nur Aas (tote Tiere).

VOGELSCHNABEL-KARTE

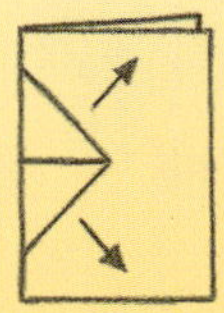

Falte ein Stück Pappe in der Mitte und schneide Schlitze wie auf dem Bild ein. Knicke die Schnabelkanten nach und ziehe sie wie einen geöffneten Schnabel vor. Male den Vogelkopf dazu. Klapp die Karte auf und zu.

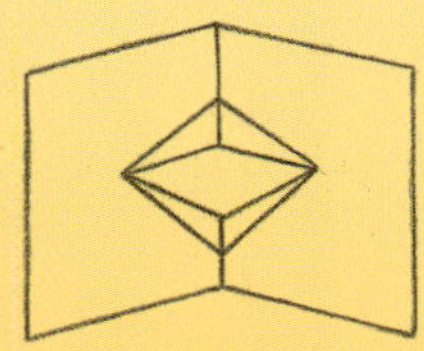

Wasservögel

Viele Vögel leben am Wasser. Einige sind gute Schwimmer, andere bleiben immer am Ufer. Meeresvögel leben von Fischen. Andere Vögel nisten an Flüssen oder Seen, wo sie ebenfalls viel Nahrung finden.

Enten, Gänse, Schwäne und die meisten Meeresvögel haben Füße mit Schwimmhäuten, was ihnen das Schwimmen erleichtert.

Papageientaucher tauchen nach Fischen. Ihre bunten Schnäbel sind so groß, dass sie mehrere Fische packen können. Sie leben in großen Kolonien an Steilküsten.

Der Reiher hat sehr lange Beine und einen langen Schnabel. Er wartet unbeweglich im seichten Wasser und stößt blitzschnell zu, wenn er einen Fisch erspäht.

Die Küstenseeschwalbe fliegt weiter als alle anderen Vögel. Sie nistet in der Arktis und zieht zum Überwintern in die Antarktis am anderen Ende der Welt. Im Frühjahr fliegt sie wieder zurück.

Pinguine fischen im eiskalten Meer der Antarktis. Sie besitzen kurze Flügel wie Flossen und können so schnell schwimmen, dass man meinen könnte, sie fliegen durchs Wasser.

Nester und Eier

Alle Vögel legen Eier, aus denen die Jungen schlüpfen. Die meisten Vögel bauen dafür weiche Nester an vor Feinden sicheren Stellen. Dann müssen sie die Eier warm halten, bis die Küken ausschlüpfen.

Wenn ein Junges schlüpfen will, pickt es mit seinem Eizahn ein Loch in die Eierschale. Sobald das Loch groß genug ist, kommt es mit dem Kopf voran heraus.

Die Jungen betteln um Futter.

Krähen bauen hoch oben in den Bäumen große unordentliche Nester aus Zweigen, die mit Moos und Erde verbunden sind. Innen liegt eine weiche Schicht aus Wolle oder Fellhaaren.

Der indische Schneidervogel baut sein Nest, indem er Blätter mit Spinnfäden zusammennäht.

Schwalben bauen schalenförmige Nester hoch oben an Mauern außerhalb der Reichweite ihrer Feinde.

Küken sind noch mit flauschigen Daunenfedern bedeckt.

Der Regenpfeifer baut gar kein Nest, sondern legt seine Eier auf Kies, wo sie wegen ihrer Färbung gut getarnt sind.

Säugetiere

Säugetiere besitzen ein Fell oder Haare und säugen ihre Jungen mit Milch. Es gibt sehr viele Arten. Die meisten leben an Land, aber es gibt auch Meeressäuger.

Wie viele andere Säugetiere werfen Schweine mehrere Junge auf einmal. Die Ferkel drängeln sich an die Zitzen der Muttersau.

Weißstreifendelfin

Delfine und Wale sind Meeressäuger. Sie können unter Wasser nicht atmen, sondern müssen dazu auftauchen.

Fledermäuse sind die einzigen Säugetiere, die fliegen können. Sie jagen nachts und schlafen tags. Sie haben pelzige Körper und lederartige Flügel an ihren Armen und Händen.

Kaninchen haben ein dickes Fell wie viele andere Säugetiere. Es hält sie warm und schützt sie vor Verletzungen. Kaninchen können sehr gut sehen, hören und riechen. Ihre scharfen Sinne schützen sie vor Feinden.

Affen

Affen und Menschen gehören zur gleichen Gruppe von Lebewesen, den Primaten. Bei den Affen unterscheidet man solche mit und ohne Schwanz. Gorillas sind die größte Affenart.

Gorillas sind scheue, sanfte Tiere. Sie leben in Familien und spielen gern miteinander.

Brüllaffen sind fast die lautesten Tiere der Erde.

Orang-Utans leben einzeln und kümmern sich wie Menschen um ihre Babys.

KLAMMERÄFFCHEN

Male die Affenform oben ein paarmal auf Karton ab und schneide die Formen aus. Nun kannst du sie mit ihren Armen und Schwänzen zu einer Girlande zusammenhängen.

Jagdtiere

Viele Säugetiere sind Fleischfresser, sie müssen ihre Beutetiere also fangen. Fleischfresser besitzen scharfe Zähne und Klauen und laufen meist sehr schnell. Einige jagen allein, andere in Gruppen.

Wölfe und andere Wildhunde jagen in Gruppen, den Rudeln. Jedes Rudel hat ein Leittier als Anführer. Wölfe jagen gemeinsam um größere Tiere zu erlegen.

Der Gepard ist der schnellste Läufer. Er pirscht sich lautlos an seine Beute heran, springt vor und überrascht sie.

Bären töten ihre Beute durch einen Schlag mit ihren schweren Tatzen. Braunbären mögen Fisch. Sie angeln sich Lachse, die gerade zur Eiablage flussaufwärts schwimmen, aus dem Strom.

Herdentiere

Pflanzenfresser verbringen die meiste Zeit mit Grasen und Blätter kauen. Viele leben in offenem Land, wo sie sich vor Feinden nicht verstecken können. Deshalb ist es sicherer, sich zu Herden zusammenzutun.

Wildpferdherden ziehen immer weiter durch die Gegend. Jede Herde besteht aus Stuten mit ihren Fohlen und einem Leithengst.

Elefantenmütter und ihre Babys leben in kleinen Herden, die von einem älteren Weibchen geführt werden. Die Erwachsenen kümmern sich gemeinsam um ihre Kleinen.

Gnus leben in sehr großen Herden und legen auf der Suche nach frischem Gras große Entfernungen zurück.

ELEFANTENKETTE

Falte ein Blatt Papier im Zickzack wie hier gezeigt. Obendrauf zeichnest du einen Elefanten mit Rüssel und Schwanz. Schneide die Umrisse durch alle Blattlagen aus und falte sie auseinander – fertig ist die Elefantenkette.

Nagetiere

Nagetiere sind Säugetiere mit großen scharfen Vorderzähnen, mit denen sie nagen und abbeißen können. Einige fressen Gräser, Wurzeln und harte Samen, andere fressen alles, was genießbar ist.

Das Eichhörnchen hockt sich zum Fressen hin und hält Nüsse oder Baumsamen mit den Vorderpfoten fest, während es sie aufnagt.

Ratten leben in großen Kolonien an Abwasserkanälen, auf Müllhalden und in alten Gebäuden. Sie fressen alles und nagen sich ihren Weg sogar durch Maschendraht, Mauern, Bretter und Plastik.

Biber sind schlaue Baumeister. Sie nagen Baumstämme so an, dass diese umstürzen um einen Damm über einen Bach zu bauen. Aus Zweigen und Ästen machen sie sich ihren Bau mitten in dem aufgestauten Wasser.

FINGERMAUS

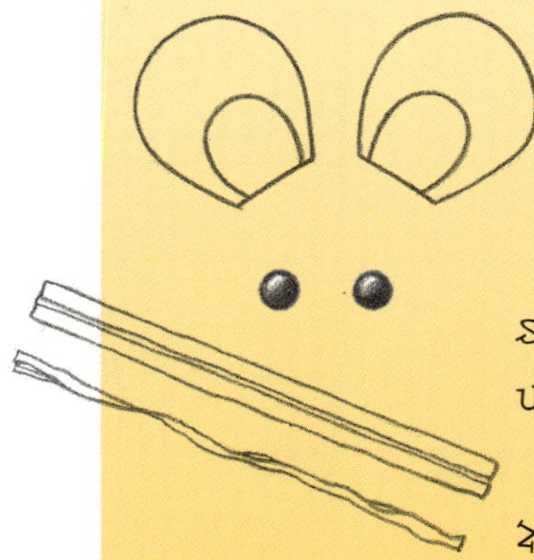

Mache aus Pappe zwei Ohren. Nun nimmst du zwei schwarze Perlen und drei Papierclips, die du aufzwirbelst. Auf den Finger eines Plastikhandschuhs malst du Nase und Schnauze, klebst hinten die Ohren an und nähst vorn die Perlen als Augen und die Streifen als Schnurrhaare auf.

Murmeltiere leben im Gebirge und haben einen dicken Pelz. Sie wohnen in großen Gruppen in Höhlen. Im Winter verschließen sie die Eingänge und halten Winterschlaf.

Beuteltiere

Beuteltiere sind Säugetiere mit einem Beutel vor dem Bauch, in dem die Babys leben. Bei der Geburt sind die Babys winzig. Sie verlassen den Beutel erst, wenn sie größer sind.

Kängurus leben in Australien. Sie haben starke Hinterbeine, mit denen sie sehr schnell hüpfen können, wobei sie mit ihrem Schwanz das Gleichgewicht halten. Ein Baby ist bei der Geburt kaum daumengroß. Es bleibt neun Monate oder länger im Beutel der Mutter.

Koalas sind keine Bären, sondern mit den Opossums (Beutelratten) verwandt. Sie leben in den australischen Eukalyptuswäldern – nur von diesen Blättern können sie sich ernähren. Sie sind so saftig, dass Koalas nie trinken müssen.

KÄNGURU-STIFTHALTER

Zeichne ein Känguru, zwei Ohren und den Beutel auf Filz und schneide alles aus. Dann klebst du die Ohren an und nähst den Beutel auf. Zeichne Gesicht und Arme darauf und nähe Perlen für die Augen an.

Opossums leben in Bäumen. Die Babys bleiben zehn Wochen im Beutel der Mutter, dann klettern sie heraus auf ihren Rücken.

Meeressäuger

Manche Säugetiere halten sich meistens im Wasser auf und sind sehr gute Schwimmer. Einige können tief tauchen um Fische zu fangen. Sie müssen erst nach längerer Zeit zum Atmen wieder auftauchen.

Otter leben an Flüssen und Meeren. Sie haben ein dickes wasserdichtes Fell, das sie beim Schwimmen im kalten Wasser warm hält.

Nilpferde leben in Afrika. Tags wälzen sie sich in Flüssen und Seen um sich abzukühlen. Nachts gehen sie an Land um Gras und andere Pflanzen zu fressen.

Der Blauwal ist das größte Tier der Erde. Er frisst kleine Schalentiere, den Krill, indem er sie mit seinen Barten am Maul aussiebt.

Seehunde mögen kaltes Meerwasser. Sie besitzen eine dicke Fettschicht, den Tran, um sich warm zu halten. Statt Beinen haben sie Flossen, mit denen sie schnell schwimmen können um Fische und Tintenfische zu fangen.

Seltsame Säugetiere

Von der winzigsten Maus bis zum größten Wal gibt es Säugetiere in allen Formen und Größen – und einige schauen wirklich seltsam aus!

Das Gürteltier rollt sich zusammen, wenn es sich bedroht fühlt. Sein Körper wird durch knochige Schilde geschützt.

Das Erdferkel lebt in afrikanischen Savannen und ernährt sich von Termiten. Wenn es einen Termitenbau findet, reißt es ihn mit seinen scharfen Klauen auf und leckt die Insekten mit seiner langen klebrigen Zunge auf.

Giraffen haben lange Beine und einen sehr langen Hals. Damit können sie das saftige Laub aus hohen Baumkronen fressen. Das schaffen die anderen Tiere nicht!

Das pelzige Schnabeltier besitzt wie Enten einen platten Schnabel und Füße mit Schwimmhäuten. Es ist das einzige Säugetier, das Eier legt.

ERFINDE EIN TIER!

Faltet zu zweit ein langes Blatt Papier im Zickzack wie unten gezeigt. Malt abwechselnd einen Teil von immer neuen Tieren auf einen Abschnitt. Wenn ihr das Blatt auffaltet, seht ihr das Fantasietier.

Tiere in Gefahr

Leider sind einige Tierarten vom Aussterben bedroht. Jedes Jahr müssen Tausende Tiere sterben, weil ihr Lebensraum zerstört wird oder Wälder abgeholzt werden. Andere Arten werden durch Jäger ausgerottet.

Der Riesenalk wurde ausgerottet. Er wurde so lange gejagt, bis kein Tier mehr übrig blieb.

Noch vor ein paar Jahren waren die Tiger in Indien vom Aussterben bedroht, bis eine Rettungskampagne gestartet wurde. Heute leben sie sicher in Tierreservaten.

Der Riesenpanda ist eines der bedrohtesten Tiere der Erde. Weniger als 1000 Tiere leben noch. Sie kommen in China vor und ernähren sich nur von Bambussprossen. Weil es immer weniger Bambus gibt, finden die Pandas nicht mehr genug zu fressen.

Das Nashorn lebt in Afrika und ernährt sich von Blättern und Zweigen. Es wurde lange wegen seines Horns gejagt, weil man sich in Asien einbildete, daraus Medizin machen zu können. Heute steht es unter strengem Schutz.

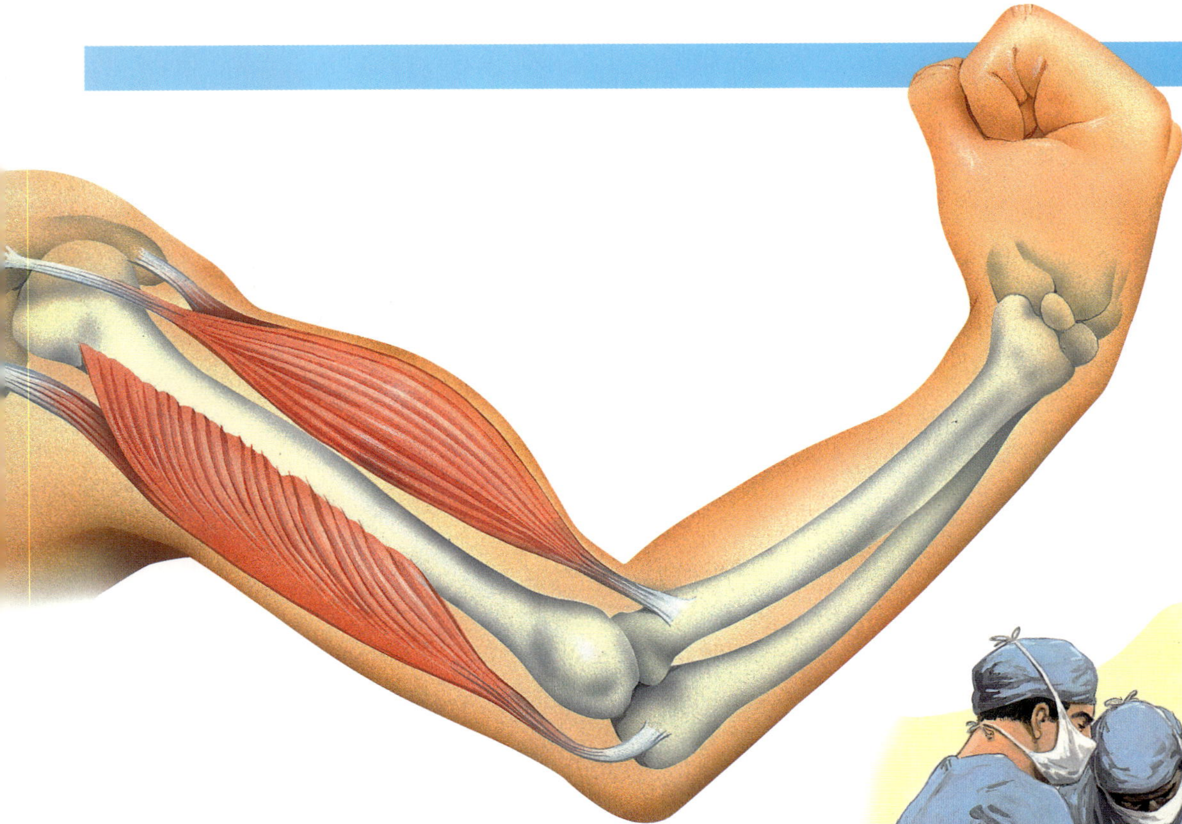

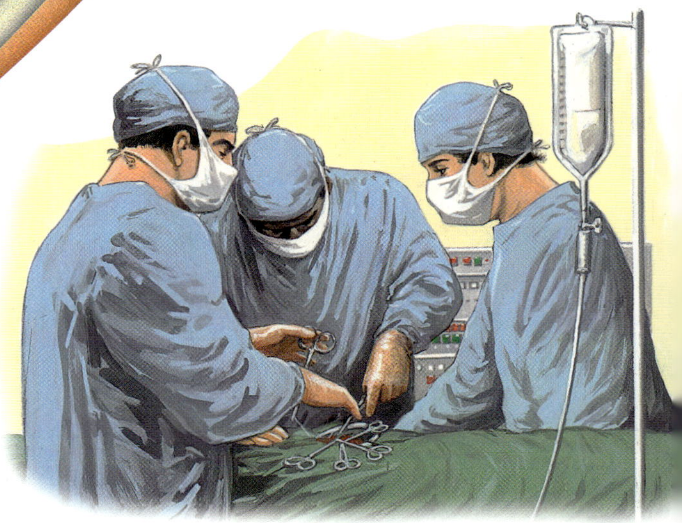

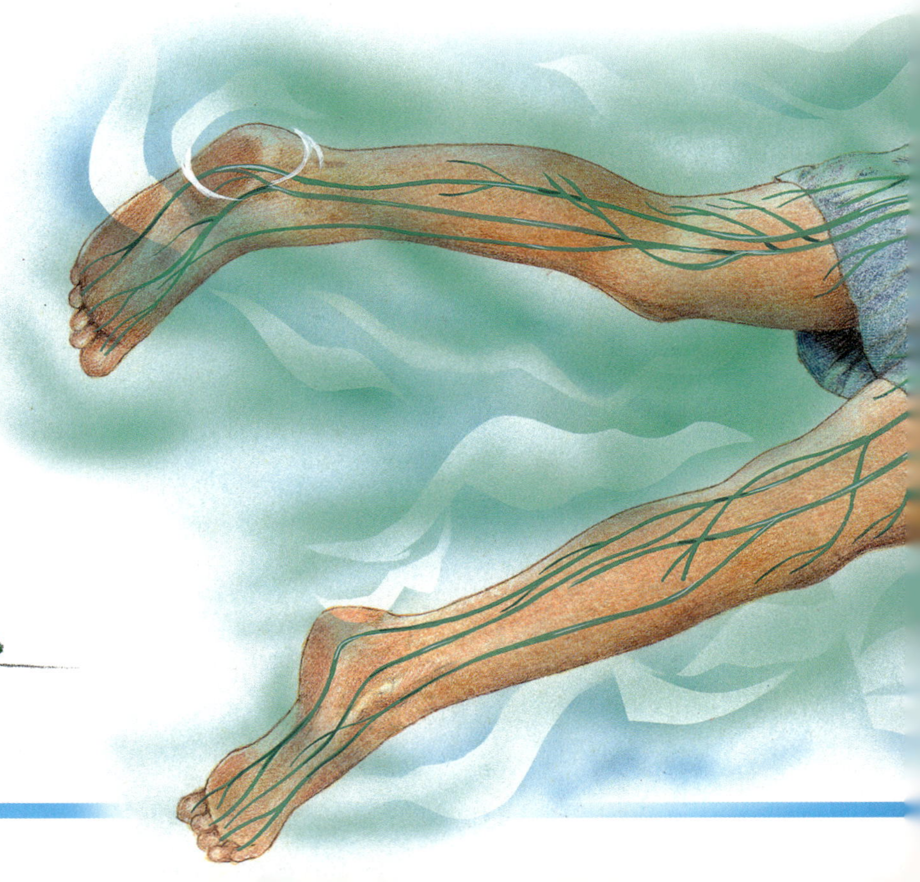

Unser Körper

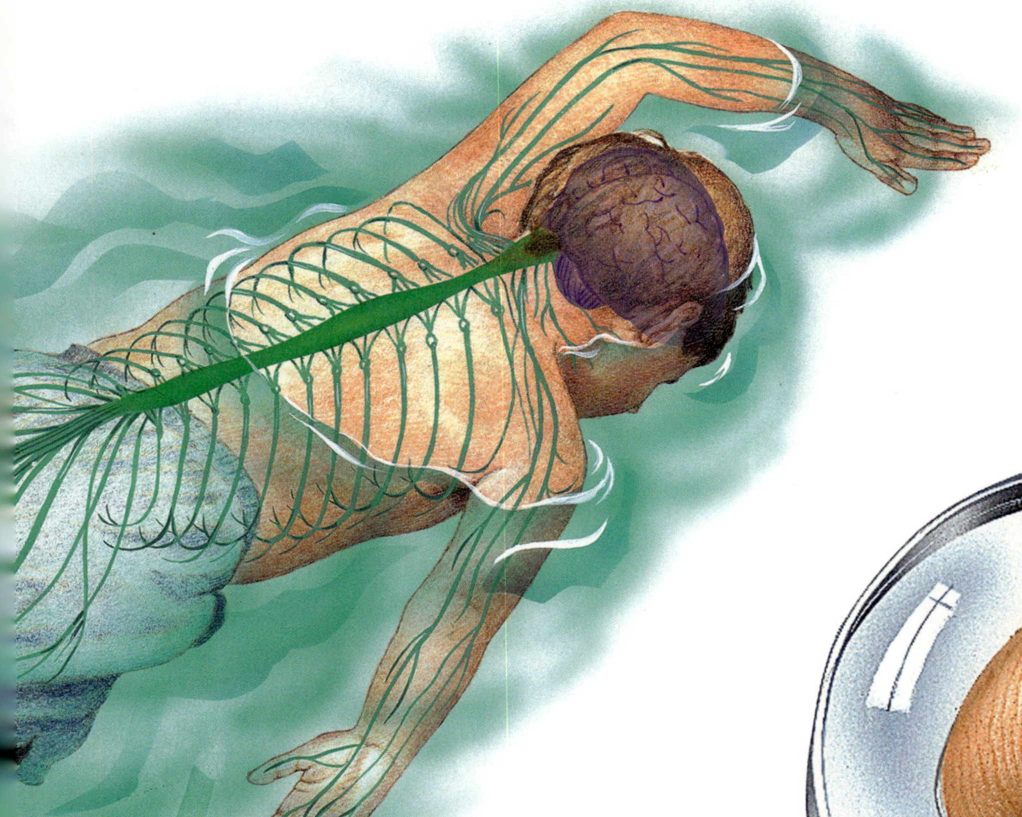

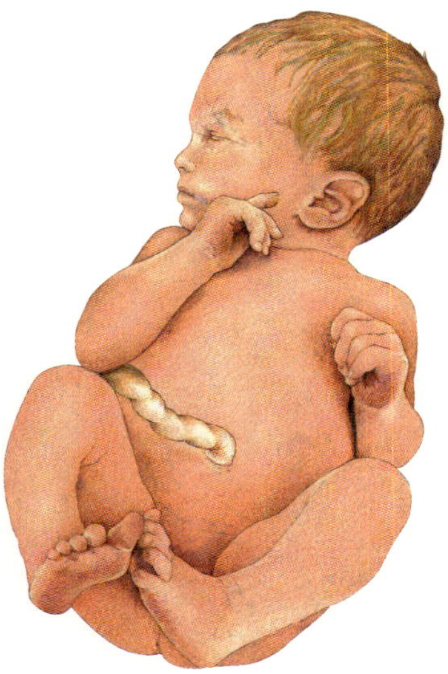

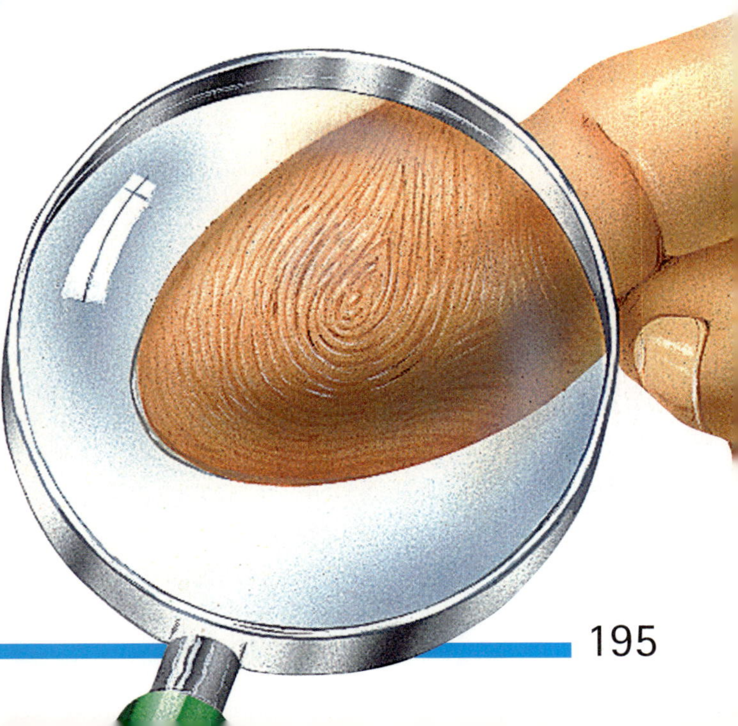

Verschiedene Menschen

Viele Millionen Menschen leben auf der Erde. Sie sehen verschieden aus, haben unterschiedliche Größen und Hautfarben. Unter ihrer Haut bestehen aber alle Menschen aus den gleichen Organen, die auf die gleiche Weise arbeiten.

Was für Leute kennst du? Sie sehen alle verschieden aus. Auf der ganzen Erde gibt es wohl niemanden, der dir vollkommen gleicht.

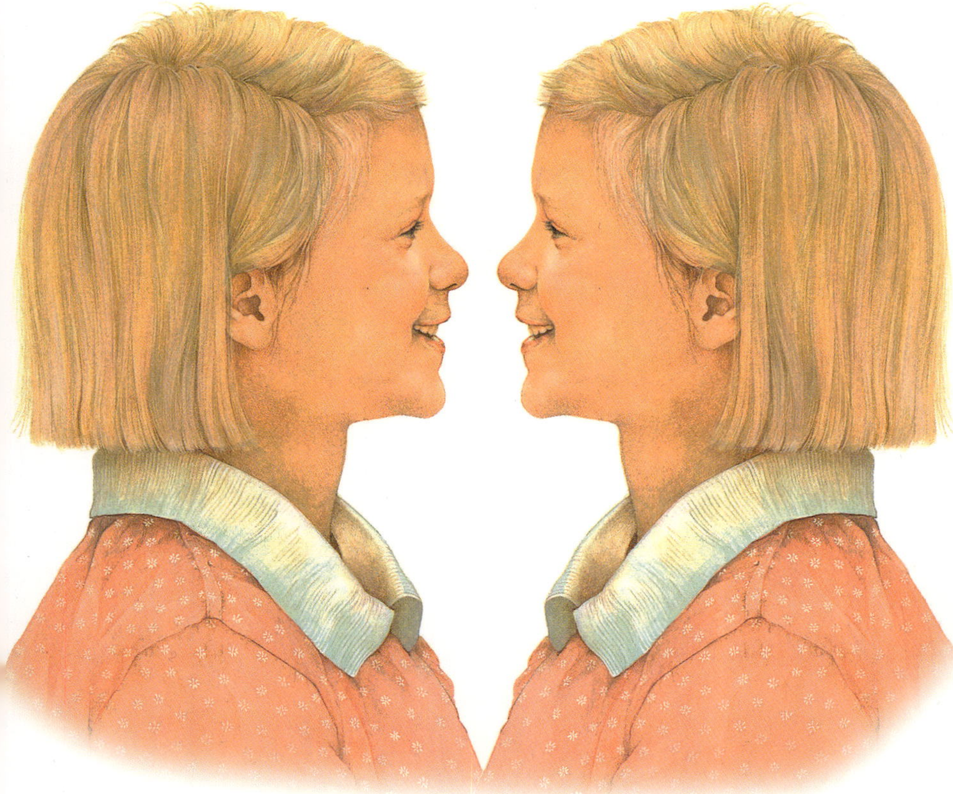

Nur eineiige Zwillinge gleichen sich völlig. Es sind entweder zwei Mädchen oder zwei Jungen. Nicht-eineiige Zwillinge sehen verschieden aus – wie auch andere Geschwister.

Du bist noch kleiner als ein Erwachsener, dein Körper ist ihm aber sehr ähnlich. Wenn du größer wirst, wachsen auch deine Körperteile mit. Manche ändern sich etwas, wenn du erwachsen wirst.

Unsere Organe

In deinem Körper sind weiche Organe, die ohne Unterbrechung hart arbeiten müssen. Jedes hat eine bestimmte Aufgabe um den Körper funktionstüchtig zu erhalten. Alle Organe arbeiten wie die Teile einer Maschine zusammen.

Gehirn, Lunge, Herz, Leber, Magen und Darm sind innere Organe. Sie werden durch das Blut im Körper funktionstüchtig erhalten.

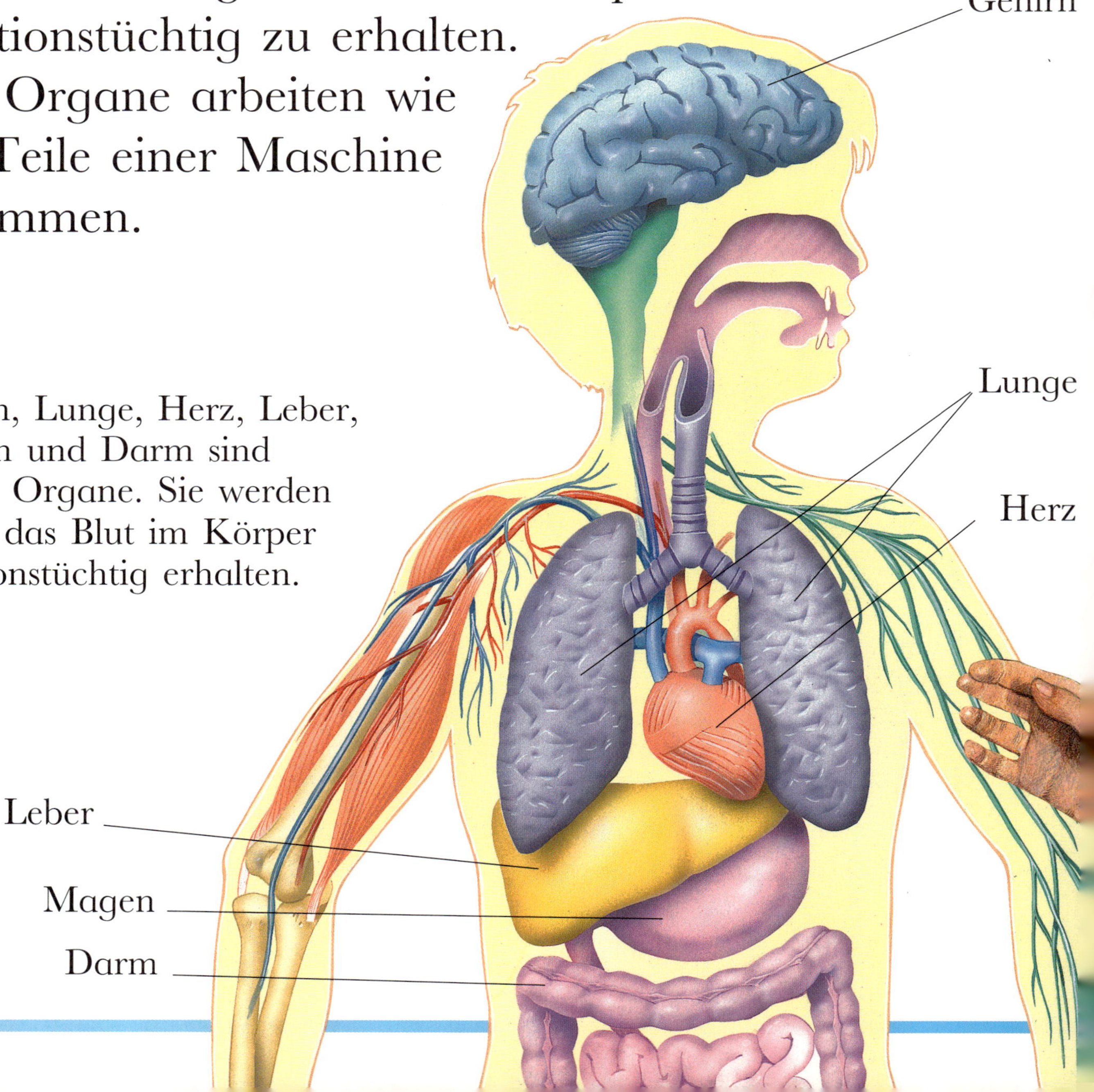

Dein Herz pumpt das Blut durch den ganzen Körper. Es schlägt während des ganzen Lebens etwa 70 Mal pro Minute.

FÜHL DEINEN PULS

Lege zwei Finger ganz leicht innen aufs Handgelenk wie gezeigt. Zähle, wie viele Schläge du in 15 Sekunden spürst. In einer Minute schlägt dein Herz also viermal so oft, wie du gezählt hast.

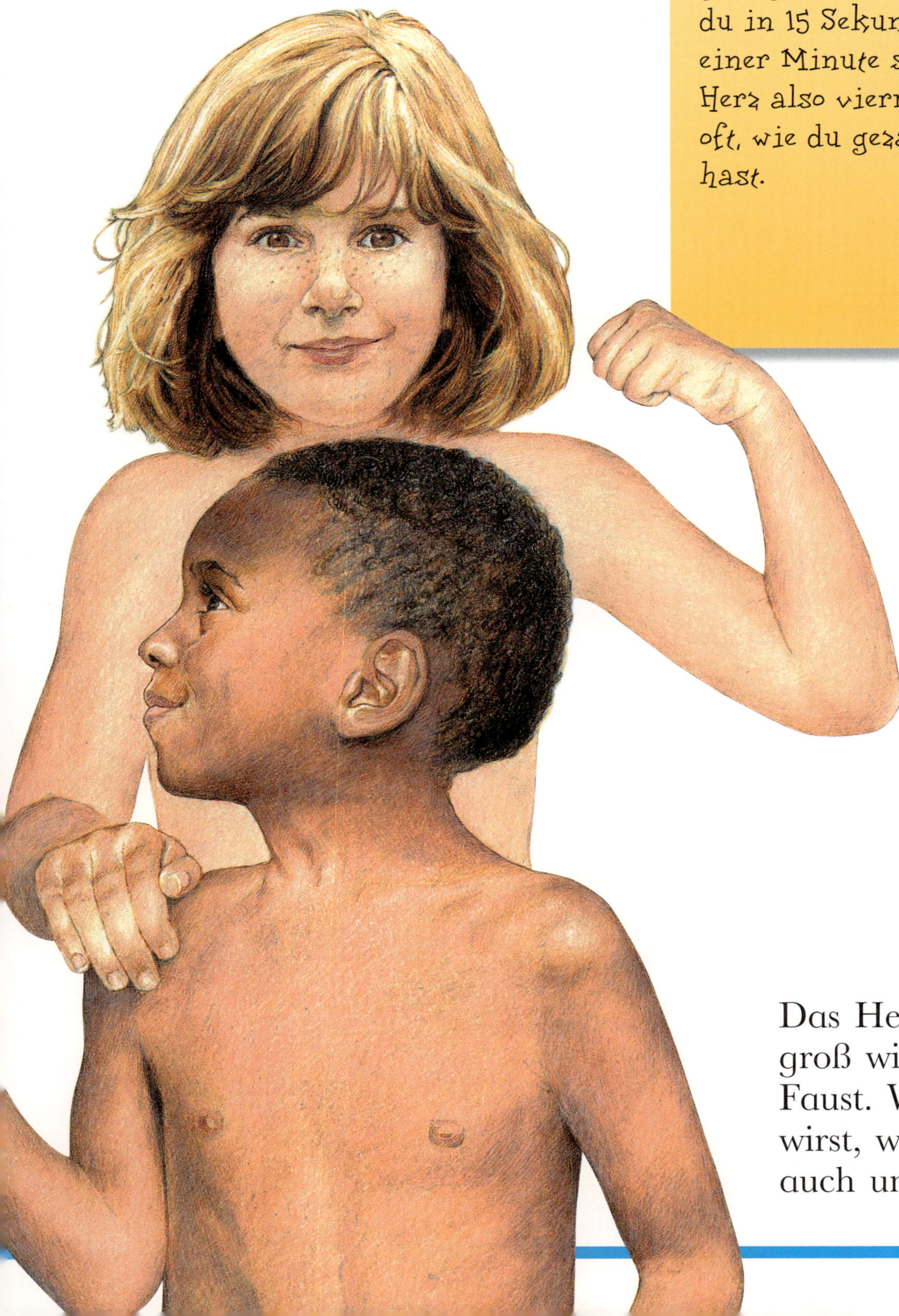

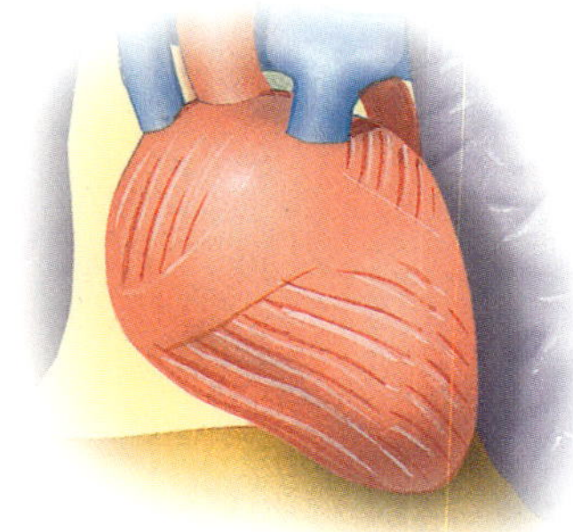

Das Herz ist etwa so groß wie eine geballte Faust. Wenn du größer wirst, wächst das Herz auch und wird stärker.

Knochen und Gelenke

Unser Skelett besteht aus über 200 zusammenhängenden Knochen. Dieser starke Rahmen stützt und schützt die weichen Teile des Körpers. Ohne Skelett könnten wir weder gehen noch stehen.

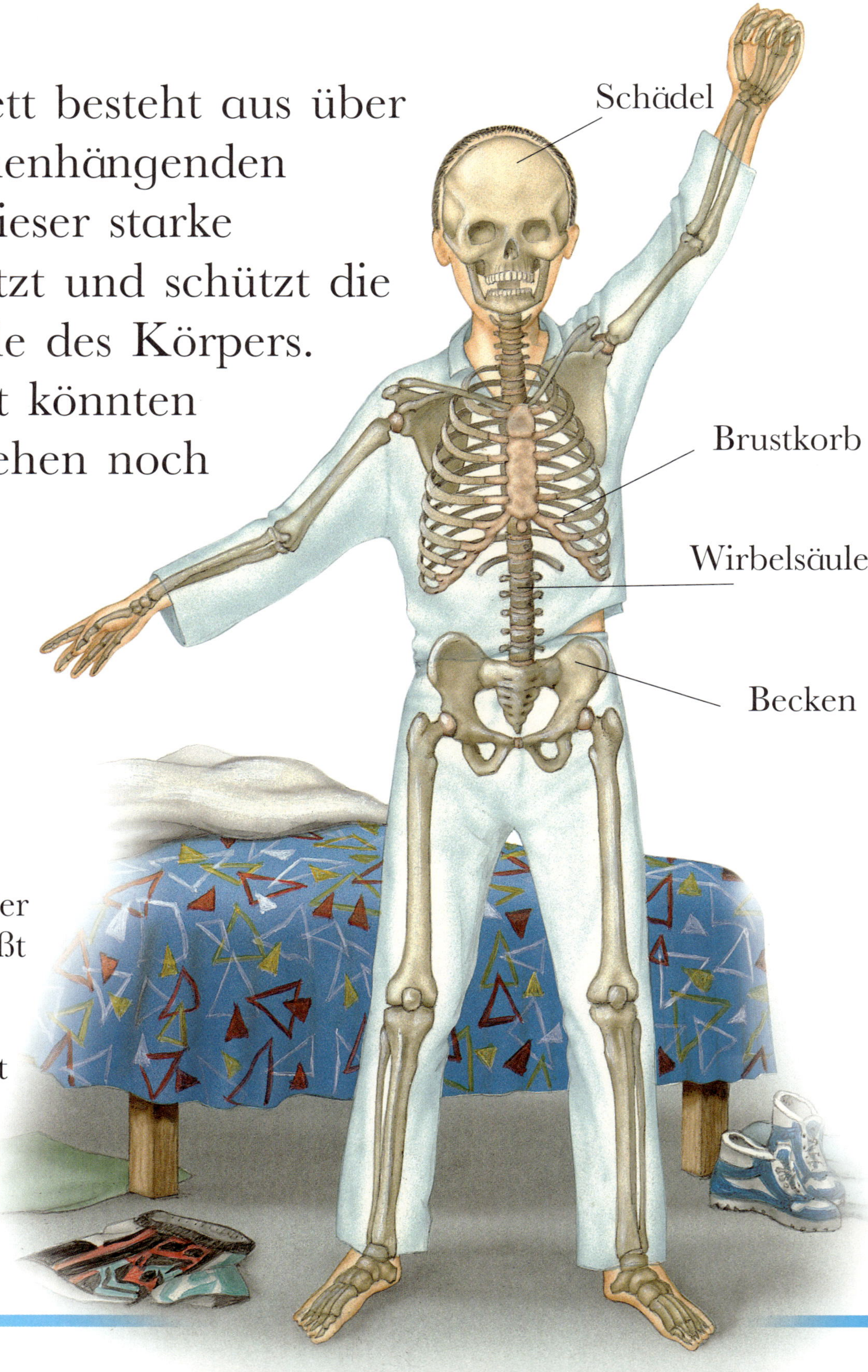

Knochen haben verschiedene Formen und Größen, je nach ihrer Aufgabe. Der Schädel umschließt das empfindliche Gehirn, der Brustkorb umfasst die Brust und schützt die inneren Organe.

Zwei Knochen sind durch ein Gelenk verbunden. Sie passen entweder genau zusammen oder rutschen leicht gegeneinander.

Basketball

Fußball

Mithilfe der Gelenke kannst du alle möglichen Bewegungen ausführen.

HAMPELMANN-SKELETT

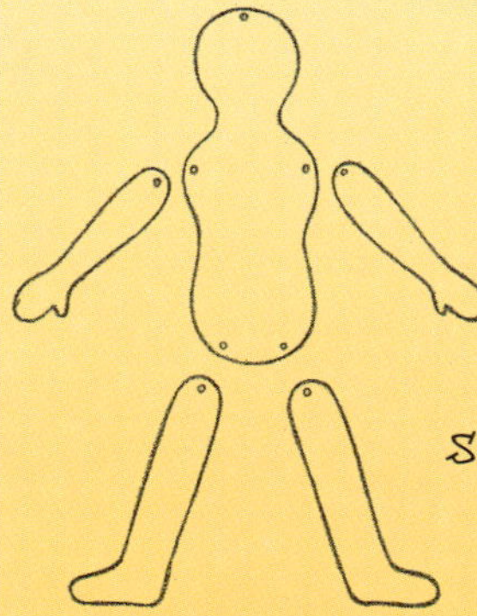

Zeichne einen Körper, Arme und Beine auf schwarzen Karton und schneide sie aus. Mit einem Kugelschreiber stichst du kleine Löcher wie auf der Skizze. Mit Papierclips verbindest du nun Arme und Beine mit dem Körper. Male mit weißer Farbe ein Skelett darauf und hänge es an einem Faden auf. Ob sich deine Freunde wohl erschrecken?

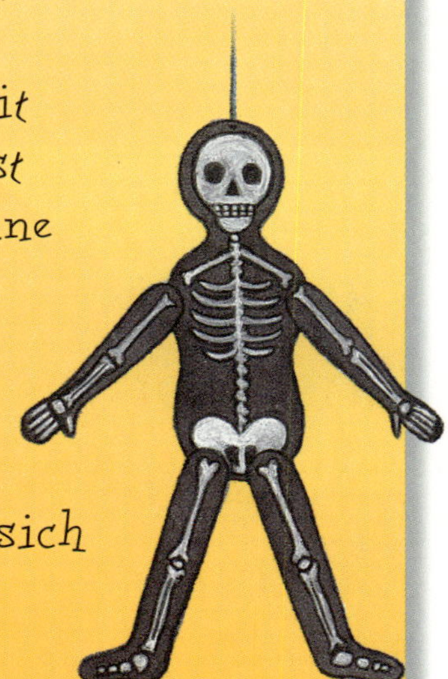

Ballett

Tennis

Baseball

Fahrrad fahren

Diese Kinder biegen und strecken ihre Körper bei allen möglichen Sportarten.

Haut und Haare

Dein Körper ist gut in deine Haut eingepackt. Haut ist eine dehnbare, wasserdichte Hülle, die dir wie ein Handschuh passt. Sie schützt das Körperinnere vor Schmutz und Bakterien und hält ihn auf der richtigen Temperatur.

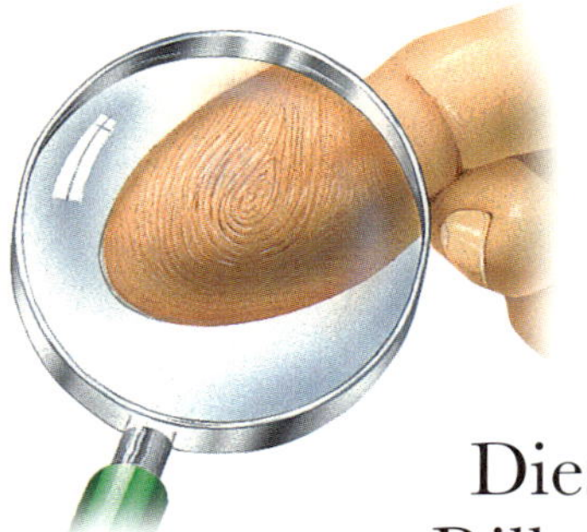

Die Haut an den Fingerspitzen hat feine Rillen, die dir das Greifen erleichtern. Dieses Muster von Rillen sieht bei jedem anders aus.

Haut kann verschiedene Färbungen haben. Braune Hautfarbe zeigt, dass der Körper durch Melanin vor der Sonne geschützt wird. Braune Haut hat mehr Melanin als weiße Haut. Die Menschen aus heißen Erdteilen haben oft sehr dunkle Haut.

Deine Haut erneuert sich ständig, weil sie sich abnutzt. Innen aus der Haut wachsen Haare heraus. Nervenenden helfen dir Dinge zu fühlen. Schweißdrüsen sondern durch Poren Schweiß ab um dich abzukühlen.

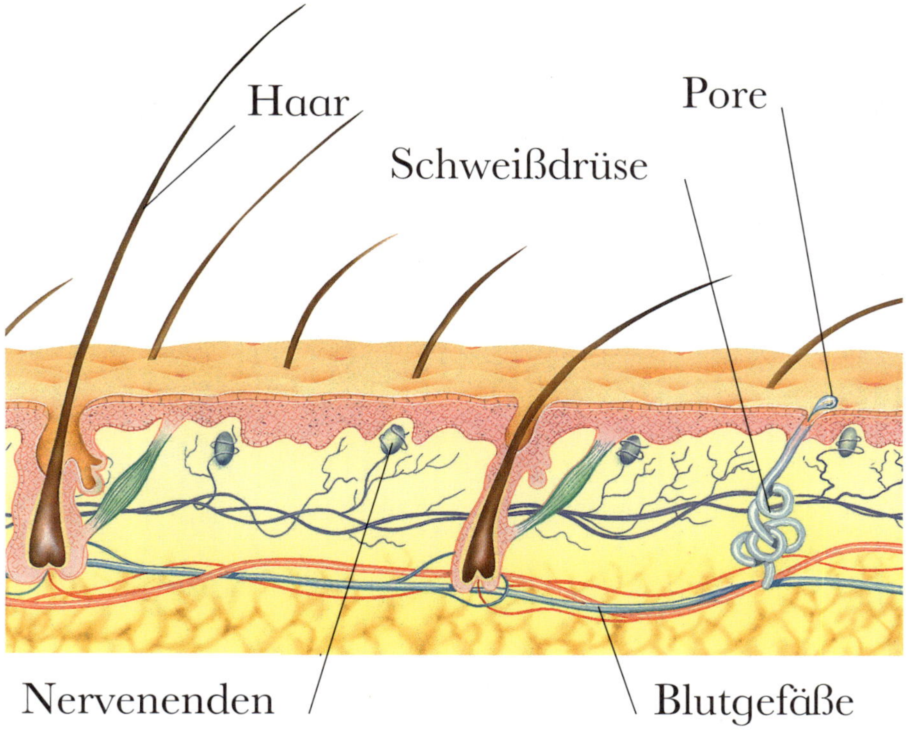

Wenn du frierst, ist deine Haut bleich: Die Blutgefäße in der Haut verengen sich, damit du nicht noch mehr Wärme verlierst. Die Haare stellen sich auf um Wärme einzufangen und du zitterst um dich aufzuwärmen.

DETEKTIVARBEIT

Nehmt Fingerabdrücke von euch: Rollt jeden Finger leicht über ein Stempelkissen und drückt ihn dann fest auf ein Blatt Papier. Untersucht die Abdrücke mit einem Vergrößerungsglas um das Muster zu erkennen.

Das Gehirn

Das Gehirn ist das Kontrollzentrum des ganzen Körpers. Es hält alle Organe bei der Arbeit und schaltet nie ab. Bei jeder Bewegung schickt das Gehirn einen Befehl an den entsprechenden Teil des Körpers. Wir brauchen unser Gehirn auch zum Denken und Fühlen.

Nerven sind eine Art Kabelsystem, das sich durch den ganzen Körper zieht. Sie übertragen Millionen von Befehlen zwischen dem Gehirn und dem übrigen Körper.

Nerven übertragen Botschaften mit hoher Geschwindigkeit, damit man schnell auf äußere Dinge reagieren kann.

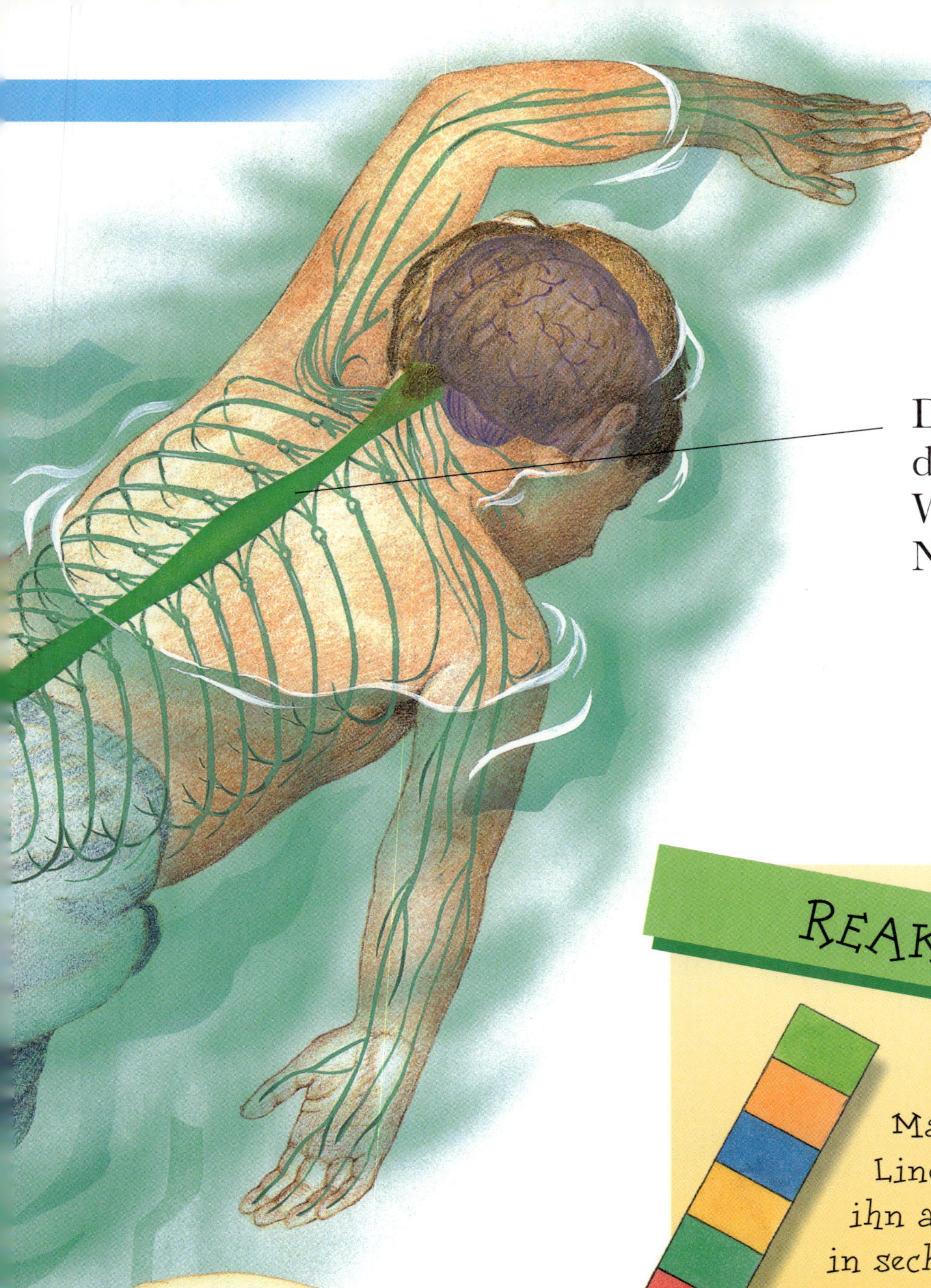

Das Gehirn ist durch das Rückenmark in der Wirbelsäule mit den Nerven verbunden.

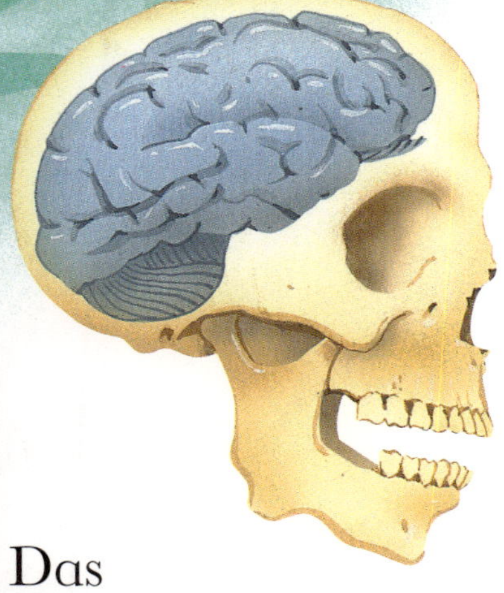

Das Gehirn wird vom Schädel umschlossen, damit es geschützt ist.

REAKTIONSTEST

Male den Umriss eines Lineals auf Karton, schneide ihn aus und unterteile ihn in sechs Abschnitte zu je etwa 5 cm Länge. Male sie bunt aus wie gezeigt. Nun bitte jemanden, die Leiste so zu halten, dass das rote Feld zwischen deinem Daumen und Zeigefinger hängt. Er lässt plötzlich los. Wie schnell kannst du zufassen?

Die Muskeln

Du besitzt über 600 Muskeln, mit denen du alle Körperteile bewegen kannst. Wenn du springst, kaust oder auch nur blinzelst, benutzt du verschiedene Muskeln. Das Gehirn kontrolliert alle Muskeln deines Körpers, selbst im Schlaf.

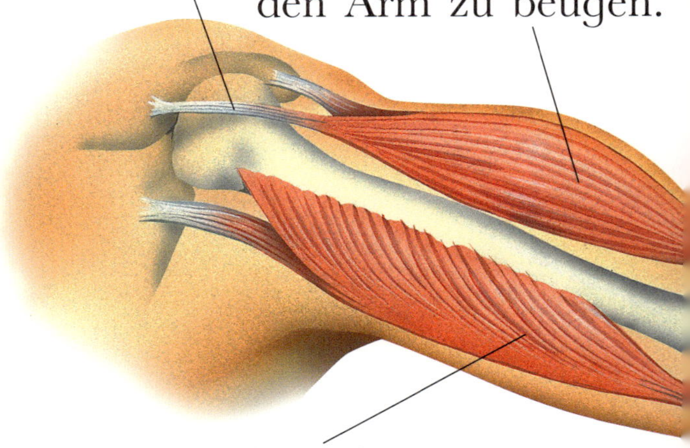

Muskeln sind durch Faserstränge, die Sehnen, mit den Knochen verbunden. Um Knochen zu bewegen, ziehen sich Muskeln zusammen – sie müssen deshalb meistens paarweise arbeiten.

Diese Turnerin benutzt Hunderte verschiedener Muskeln. Sie übt um ihre Muskeln zu stärken, damit sie sich leichter dehnen und strecken kann.

TRICKS MIT GESICHTERN

Einige kleine Gesichtsmuskeln sind schwer zu betätigen. Probiere mit deinen Freunden um die Wette, wer am besten mit Ohren oder Nasenflügeln wackeln oder die Augenbrauen bewegen kann, ohne sonst das Gesicht zu verziehen.

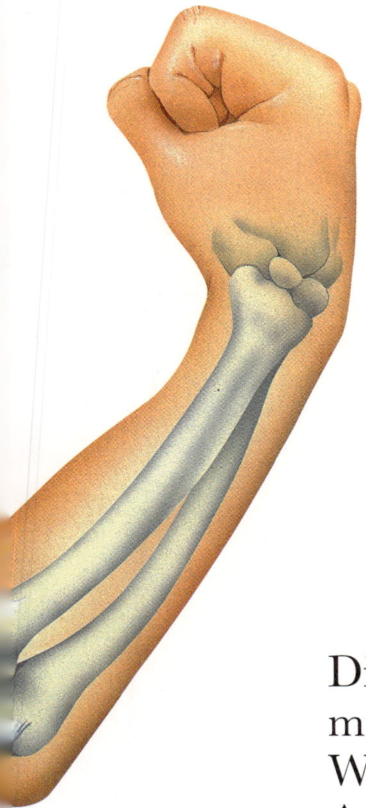

Die Gesichtsmuskeln müssen ständig arbeiten. Winzige Muskeln im Augenlid lassen dich zwinkern und spülen deine Augen mit Tränenflüssigkeit. Du zwinkerst etwa 20.000 Mal am Tag!

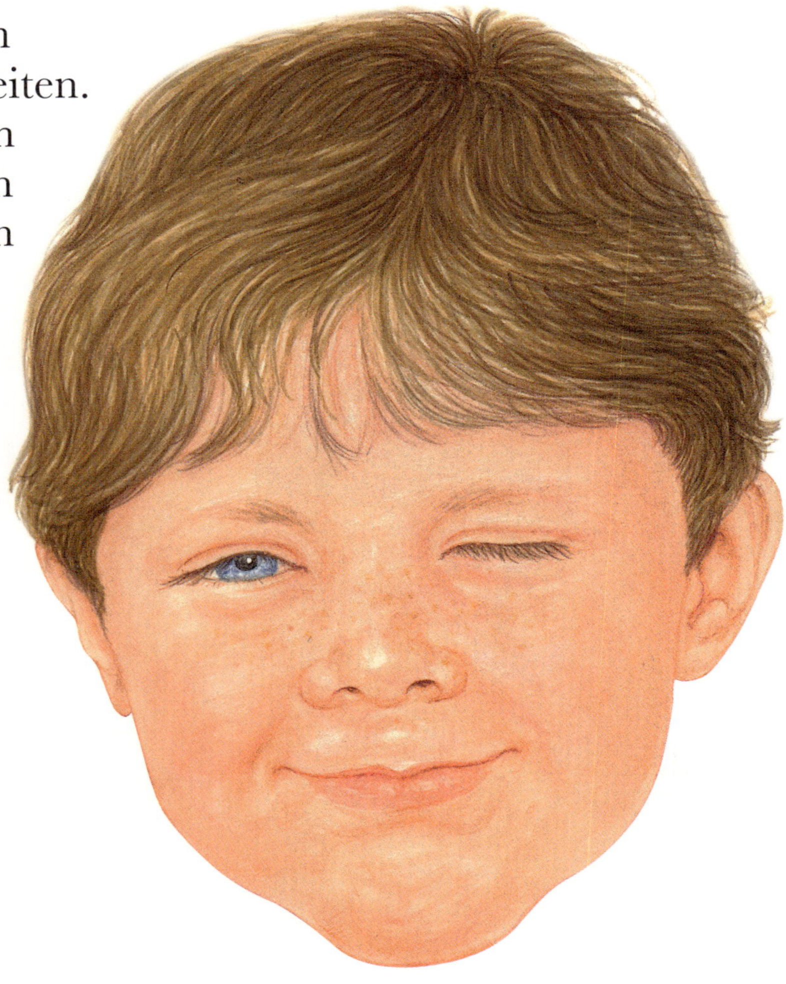

Die Atmung

Du atmest immer, auch im Schlaf. Die eingeatmete Luft enthält Sauerstoff, den du zum Leben brauchst. Deine Lunge nimmt Sauerstoff aus der Luft auf und das Blut verteilt ihn über den ganzen Körper.

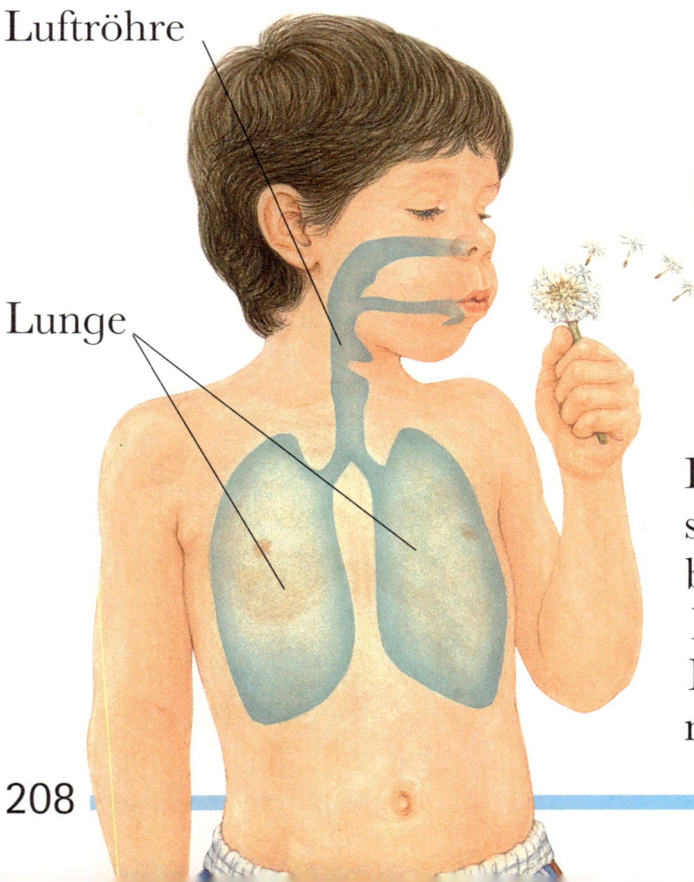

Die Lunge besteht aus zwei schwammartigen Flügeln, die sich beim Einatmen mit Luft füllen. Beim Ausatmen oder Pusten kommt Kohlendioxid heraus, das dein Körper nicht gebrauchen kann.

Unter Wasser oder im Weltall gibt es keine Luft. Wir können dort nicht atmen. Taucher tragen deshalb Sauerstofftanks auf dem Rücken. Sie atmen durch Schläuche, die mit den Tanks verbunden sind.

Wenn etwas deine Nase kitzelt oder blockiert, niest du um Staub und Bakterien loszuwerden. Wenn du hustest, kommen Bakterien oder Staub aus deiner Lunge heraus.

Die Sinnesorgane

Du brauchst Augen, Ohren, Nase, Haut und Zunge um deine Umgebung zu erfassen. Du blickst um dich, hörst, riechst, fühlst und schmeckst Dinge. Das sind deine fünf Sinne.

Mit der Haut kannst du Dinge fühlen. Sie ist an den Fingerspitzen sehr empfindlich. Blinde Menschen lesen mit den Fingerspitzen eine ertastbare Schrift, die Brailleschrift.

Stell dir vor, wie schwer es ist zu gehen, wenn dir die Augen verbunden sind. Deine Augen vermitteln dir viele wichtige Informationen. Die Ohren nehmen die verschiedensten Geräusche auf.

Mit der Zunge schmeckst du Dinge, aber die Nase hilft dabei mit. Wenn deine Nase ganz verstopft ist, schmeckst du nicht besonders viel.

Gerüche schweben durch die Luft und werden von der Nase beim Einatmen wahrgenommen. Du kannst Tausende verschiedene Gerüche erkennen. Einige sind angenehm, aber manchmal stinkt es.

Der Mund

Mit dem Mund isst und sprichst du. Die Zähne kauen Nahrung, die Zunge hilft beim Schlucken. Wenn du sprichst oder singst, formen deine Lippen, Zähne und Zunge die verschiedenen Laute.

Als kleines Kind bekommst du zuerst Milchzähne. Wenn du sechs Jahre alt bist, fallen sie wieder aus und dir wachsen größere Zähne.

Deine Zunge ist mit kleine Noppen bedeckt, den Geschmacksknospen. Mit den verschiedenen Zungenteilen schmeckst du verschiedene Geschmacksrichtungen.

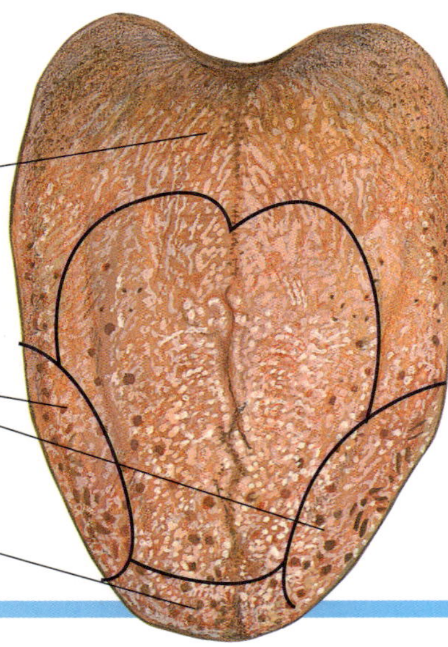

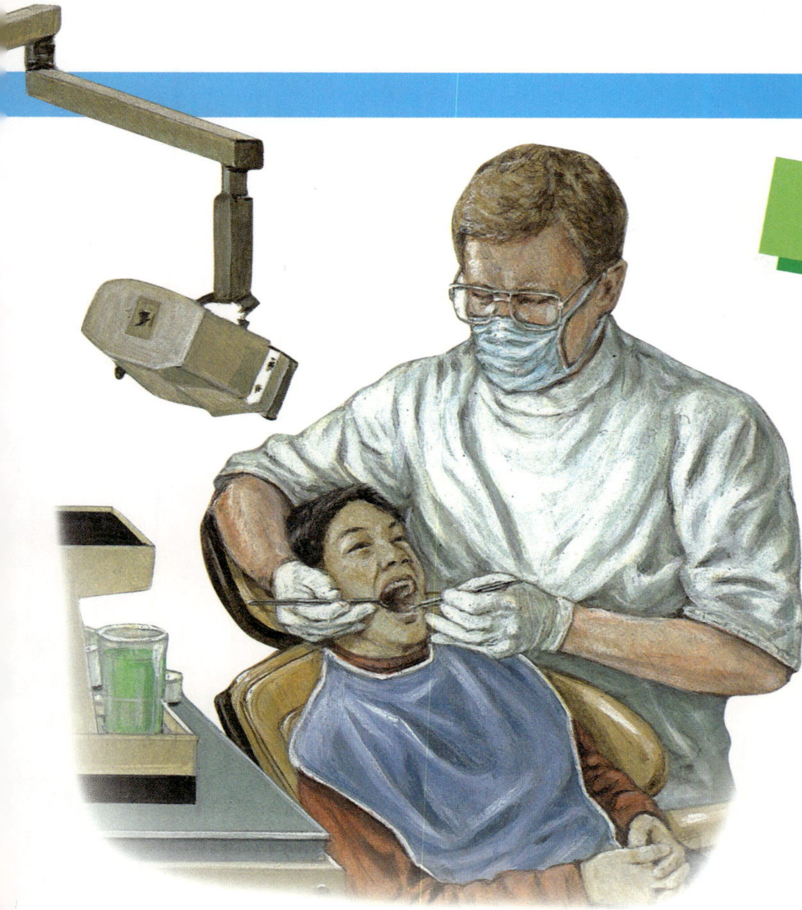

Zahnärzte kümmern sich um die Zähne. Sie schauen nach, ob die Zähne gesund sind und richtig wachsen, oder behandeln kranke Zähne.

SÄUREATTACKE!

Bitte einen Erwachsenen, ein Ei hart zu kochen. Lege es in ein Glas und bedecke es mit Essig. Nach zwei Tagen ist die Eierschale vom Essig angefressen. Süßigkeiten und Limo wirken genau so auf deine Zähne!

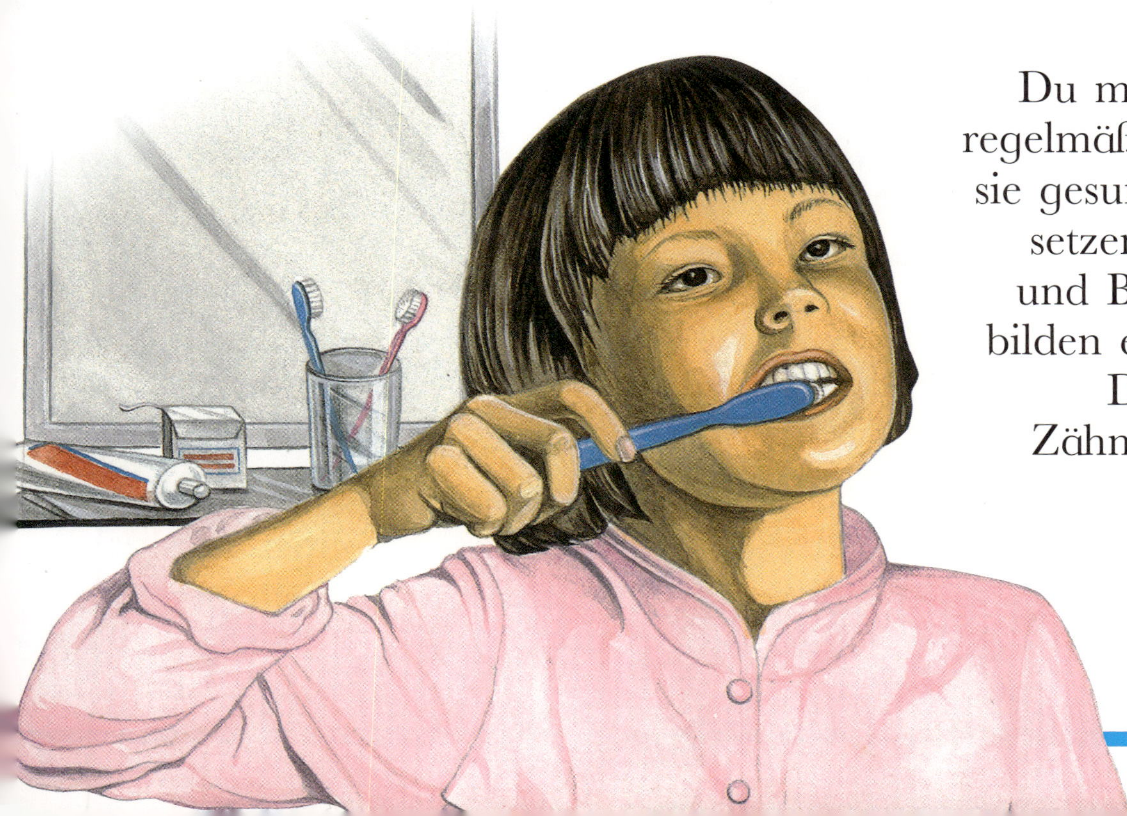

Du musst deine Zähne regelmäßig putzen, damit sie gesund bleiben. Sonst setzen sich Essensreste und Bakterien fest und bilden einen Zahnbelag. Dieser zerstört die Zähne und verursacht Zahnschmerzen.

Die Ernährung

Unser Essen sollte alles enthalten, was wir zum Leben und Wachsen brauchen. Du musst dich abwechslungsreich ernähren, um gesund zu bleiben. Nur so bekommt dein Körper alle wichtigen Nährstoffe.

Frisches Obst und Gemüse enthält viel von dem, was dein Körper braucht. Iss viele verschiedene Sorten.

Dein Körper bekommt von der Nahrung die Energie, die du beim Arbeiten und Spielen benötigst. Deshalb solltest du regelmäßig und mehrmals am Tag essen.

Ein Essens-Tagebuch

Zeichne eine Tabelle wie rechts gezeigt. Trage dort jeden Tag ein, was du zu jeder Mahlzeit isst. Wie viele verschiedene Lebensmittel hast du gegessen?

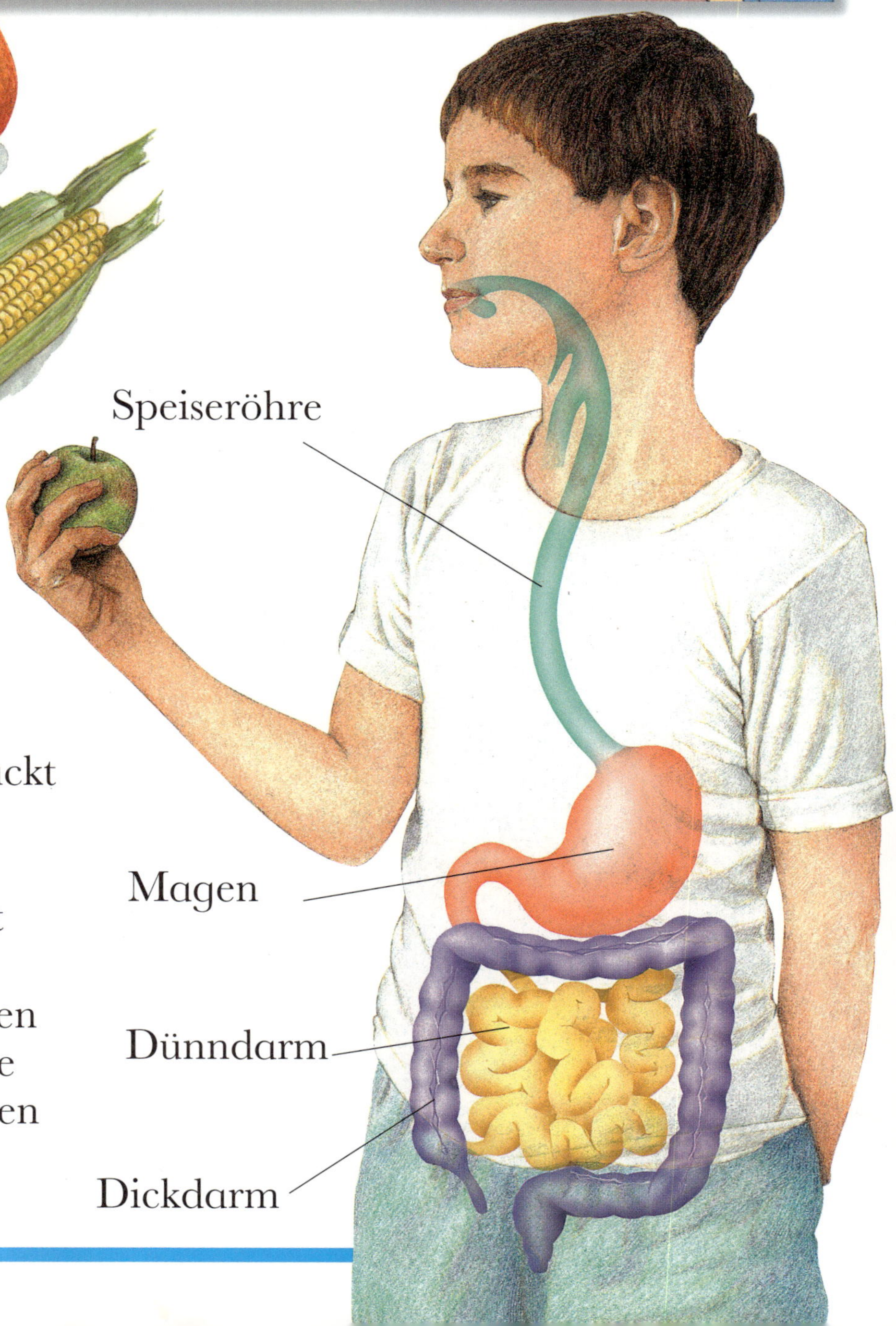

Wenn du etwas geschluckt hast, wandert es durch die Speiseröhre in den Magen. Da wird es mit Magensäften vermischt und kommt weiter in den Darm. Dort werden alle Nährstoffe herausgezogen und durch das Blut im Körper verteilt.

Babys

Dein Leben begann als winziger Punkt im Bauch deiner Mutter. Dort hast du neun Monate verbracht und bist zu einem Baby wie hier auf dem Bild gewachsen. Dann wurdest du geboren und bist auf unsere Welt gekommen.

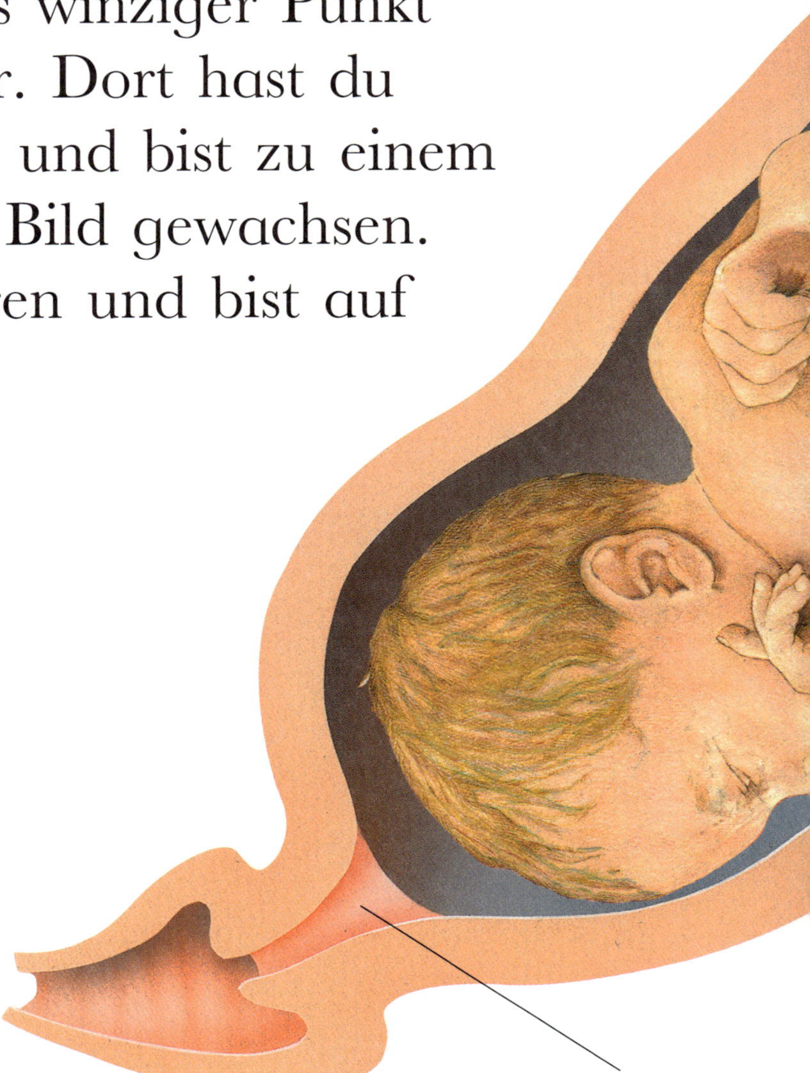

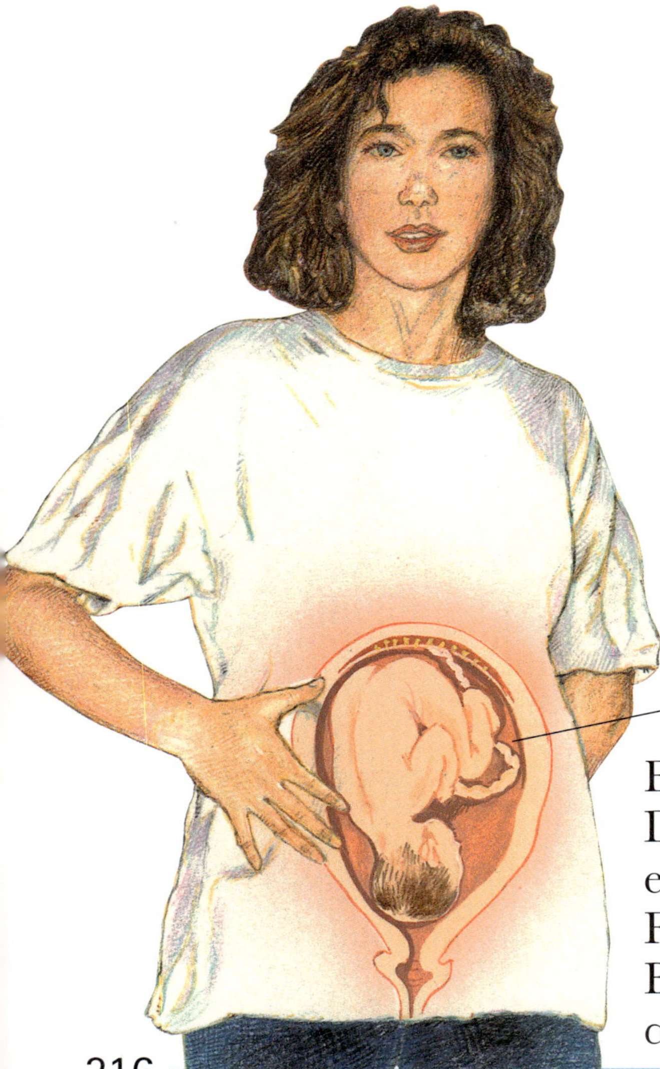

Ein Baby wächst in der Gebärmutter heran. Dort schwimmt es in einem Beutel mit einer warmen wässrigen Flüssigkeit, dem Fruchtwasser, das es schützt. Wenn das Baby wächst, dehnt sich die Gebärmutter aus und der Bauch der Mutter wird dicker.

In der Gebärmutter bekommt das Baby Luft und Nahrung von seiner Mutter durch die Nabelschnur. Wenn das Baby geboren wird, stößt sein Kopf durch den Gebärmutterhals und das Baby kommt heraus.

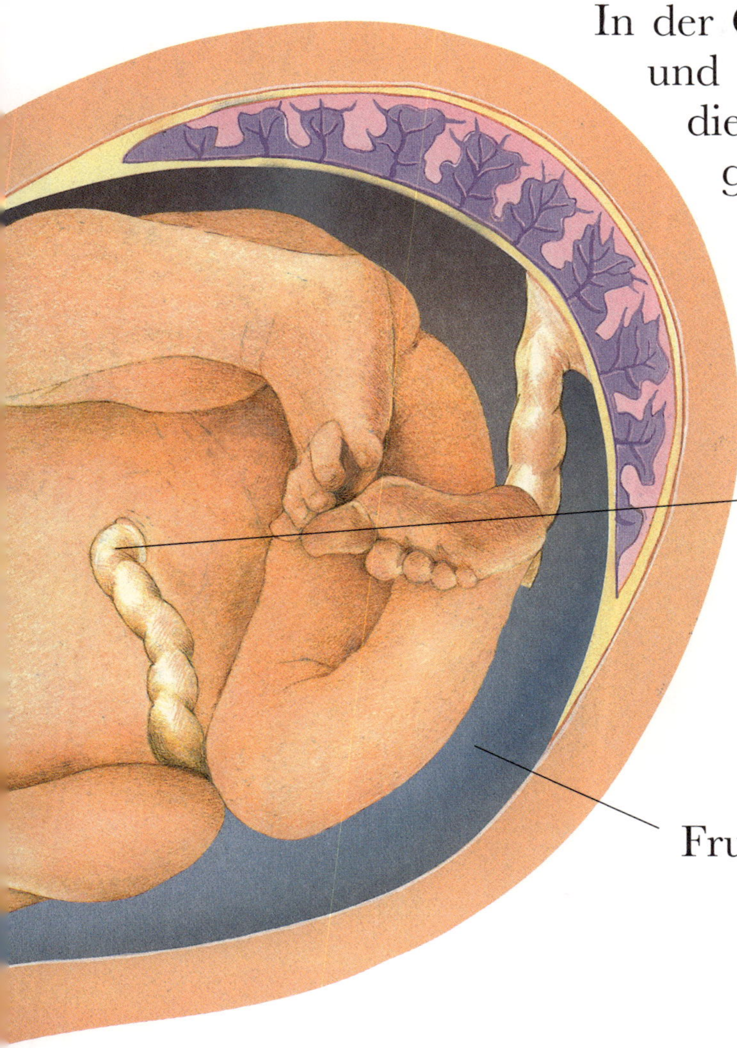

Die Nabelschnur ist dort mit dem Baby verbunden, wo später der Nabel sitzt.

Fruchtwasser

Kleine Babys können noch nicht viel. Deshalb muss man sich immer um sie kümmern.

Erwachsen werden

Dein Körper ändert sich das ganze Leben lang. Babys wachsen zu Kindern, dann zu Teenagern und schließlich zu Erwachsenen. Dann können sie selber Kinder zeugen und gebären. Während Kinder größer werden, lernen sie alles, was sie im Leben wissen müssen.

Kinder lernen sehr schnell. Kleine Kinder lernen beim Spielen, größere auch in der Schule. Es ist wichtig, viel über unsere Welt zu erfahren. Auch durch Spiele und neue Freunde können wir sehr viel lernen.

Wenn wir älter werden, ändern wir uns. Ältere Menschen werden manchmal etwas kleiner. Ihr Haar wird grau und ihre Haut bekommt Falten.

Wenn Menschen alt sind, hören sie auf zu arbeiten. Sie haben dann mehr Zeit für ihre Hobbys und freuen sich über Besuch von ihren Enkelkindern.

Der Schlaf

Jeder Mensch muss schlafen, damit sich der Körper nach einem anstrengenden Tag erholen kann. Im Schlaf arbeitet der Körper langsamer, die Atmung verlangsamt sich, die Muskeln entspannen sich. Außerdem träumst du.

Astronauten müssen sich beim Schlafen in Schlafsäcken festbinden, weil sie im Weltall schwerelos sind und sonst im Raumschiff herumschweben würden.

Babys und Kinder benötigen viel Schlaf, weil sie zum Wachsen viel Energie verbrauchen. Erwachsene wachsen nicht mehr und schlafen deshalb weniger. Die meisten Kinder schlafen zwölf Stunden pro Tag.

Manche Menschen gehen im Schlaf herum – sie sind Schlafwandler. Wenn sie morgens wach werden, können sie sich daran nicht erinnern.

TRAUMTAGEBUCH

Träume sind etwas ganz Reales, aber man vergisst sie schnell. Führe deshalb ein Traumtagebuch. Notiere morgens sofort alles, wovon du geträumt hast. Manche Träume sind sehr seltsam. Vielleicht hast du im Traum Ideen für Geschichten und Bilder bekommen.

Wenn du krank bist

Manchmal wird man krank. Du bekommst vielleicht Husten, Fieber, Hautausschlag oder Schmerzen. Das sind Zeichen dafür, dass dein Körper eine Krankheit bekämpft. Krankheiten entstehen meist durch winzig kleine Bakterien.

Manche Krankheiten wie die Windpocken sind ansteckend – jemand anderes kann sie also auch schnell bekommen. Wenn du einmal Windpocken hattest, bist du für immer immun dagegen.

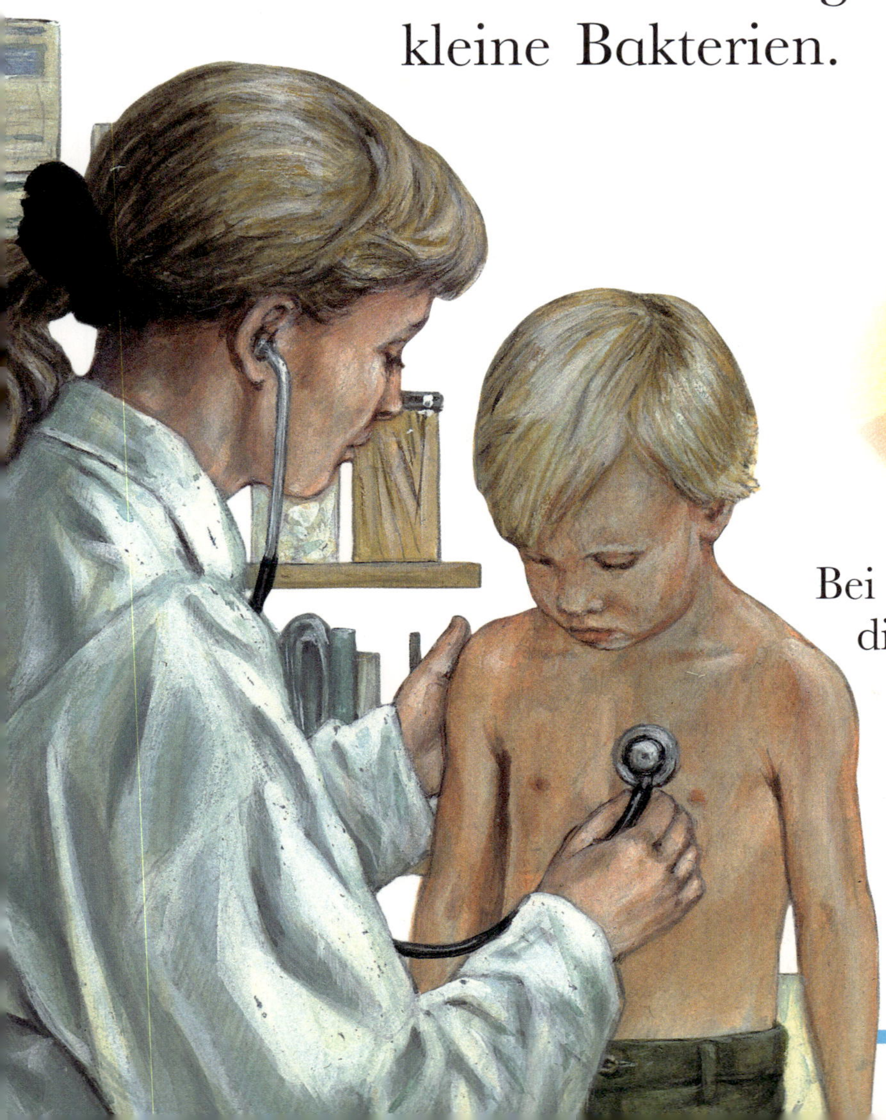

Bei schweren Erkrankungen muss dich ein Arzt untersuchen. Er fragt nach deinem Zustand, hört Herz und Lunge ab, schaut in Augen, Ohren und Hals. Manchmal verschreibt er Medizin, damit du schneller gesund wirst.

Für verschiedene Krankheiten gibt es verschiedene Medikamente. Einige werden gespritzt. Ein Inhalator hilft Menschen mit Asthma und Atemproblemen.

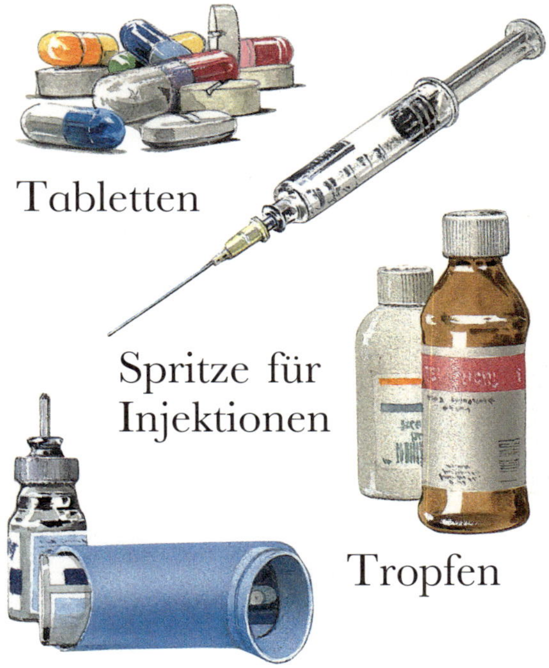

Tabletten

Spritze für Injektionen

Tropfen

Inhalator

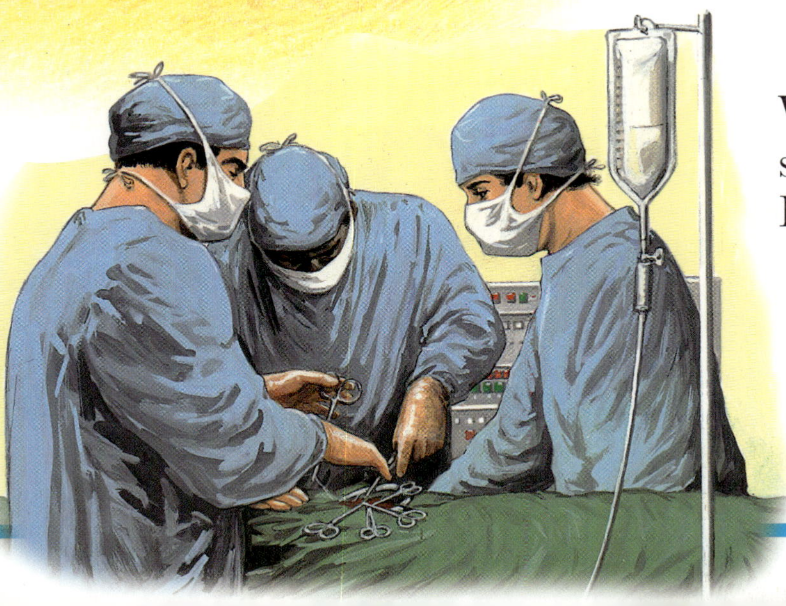

Wenn jemand verunglückt oder schwer erkrankt, kommt er ins Krankenhaus. Vielleicht muss er operiert werden, um einen kranken Körperteil zu heilen. Wenn es den Patienten wieder besser geht, werden sie aus dem Krankenhaus entlassen.

Menschen und Orte

Rund um die Welt

Auf der Erde leben etwa sechs Milliarden Menschen. Sie bewohnen verschiedene Länder und sprechen viele Sprachen. Die Menschen tun oft die gleichen Dinge, aber sie haben unterschiedliche Gebräuche und Traditionen.

Jedes Land hat seine eigenen Briefmarken. Sie zeigen oft Interessantes über das Land.

Diese Kinder kommen aus allen möglichen Ländern, wie du an den Flaggen siehst. Jedes Land hat eine eigene Flagge, manchmal mit einem Symbol darauf. Oft haben die Menschen eine besondere Beziehung zu diesen Symbolen.

Viele Länder geben eigenes Geld heraus – ihre Währung. Es besteht aus Banknoten und Münzen. Oft sind darauf wichtige Persönlichkeiten abgebildet.

Wo wohnst du?

Egal ob du in der Stadt oder auf dem Land wohnst, es gibt eine Landkarte davon. Sie zeigt, wie ein Gebiet von oben aussieht – aber stark verkleinert. Mit einer Karte kannst du viel über deine Umgebung lernen.

Stell dir vor, wie ein Vogel eine Stadt aus der Luft sieht. Von oben sieht alles anders aus.

Hier ist die Karte der Stadt links aus der Vogelperspektive. Du siehst Straßen, den Teich und die Gebäude als Umrisse. Alles ist in einem bestimmten Maßstab gezeichnet – das ist das Verhältnis zwischen der tatsächlichen und der gezeichneten Größe.

KARTIERE DEIN SPIELZIMMER

Mache eine Karte deines Zimmers. Stell dir vor, du schwebst an der Decke und zeichnest dann die Umrisse der Möbelstücke. Damit die Größen stimmen, miss dein Zimmer und die Möbel in Fußlängen aus. Dann zeichnst du deine Karte auf kariertes Papier und stellst dir vor, dass jedes Karo einen Fuß lang ist.

Häuser und Wohnungen

Die Menschen leben in vielen verschiedenen Arten von Häusern. Sie bauen sie aus Materialien, die sie in der Umgebung finden – aus Ziegeln oder Steinen, aus Holz, Lehm oder Schilf.

Manche Völker sind Nomaden. Sie ziehen von einem Ort zum anderen. Die hier gezeigten Nomaden leben in der Mongolei in Rundzelten, den Jurten.

Menschen an Flüssen oder Sümpfen stellen ihre Häuser oft auf Pfähle – wie dieses Haus in Indonesien. Damit schützen sie sich vor Überflutungen.

In Nordafrika werden Gebäude aus Lehm gebaut. Sie haben dicke Mauern und kleine Fenster, damit es kühl bleibt.

Hochhäuser wie dieses afrikanische stehen in Großstädten, wo der Platz knapp ist. Viele Wohnungen passen in ein Hochhaus hinein.

EIN PFAHLBAU

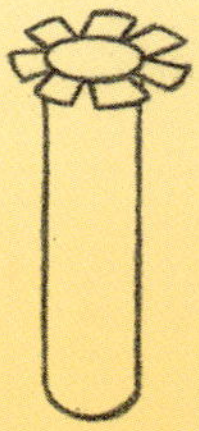

Schneide und falte die Enden von vier Pappröhrchen wie gezeigt und klebe sie unter einen Karton.

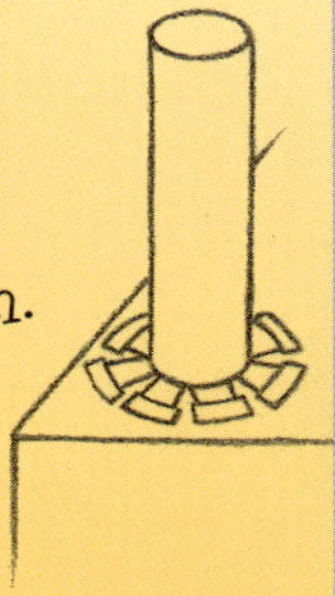

Falte ein Stück Pappe in der Mitte als Dach. Nun malst du Fenster und Türen auf den Karton und klebst gelbe Strohhalme aufs Dach.

Diese Haus in Nordamerika besteht aus Ziegeln und Holz, die man in der Gegend kaufen kann.

Berufe

Die Menschen haben viele verschiedene Berufe. Sie müssen Geld verdienen um Miete, Essen und Kleidung zu bezahlen. Die meisten Menschen fangen nach der Schule oder Hochschule an zu arbeiten.

In Schulen unterrichten Lehrer die Schüler im Lesen und Schreiben und vielen anderen Fächern, die wichtig sind. In den höheren Klassen gibt es Fachlehrer, die nur ein oder zwei Fächer unterrichten.

Gesundheitsberater zeigen den Menschen, wie sie gesund und kräftig bleiben. Diese Frau berät Mütter mit Babys.

Bauarbeiter bauen Wohnhäuser, Büros und andere Gebäude. Dieser Mann ist Maurer. Er bringt gerade neue Ziegel für eine Mauer.

Viele Menschen arbeiten mit Maschinen. Dieser Bäcker kontrolliert gerade eine Brotmaschine, die Brot bäckt, in Scheiben schneidet und verpackt.

Fabriken

In Fabriken werden viele nötige Dinge produziert – etwa Autos oder Bauteile. Andere stellen Rohstoffe wie Metalle und Ölprodukte her.

Öl ist Treibstoff für Maschinen. Teilweise liegen Ölvorkommen unter dem Meer und das Öl muss mit riesigen Bohrinseln im Meer gefördert werden. Man bohrt tief in den Meeresboden und pumpt das Öl an die Oberfläche.

Die Fahrzeugindustrie produziert Autos. Jedes Jahr verlassen viele Millionen Autos die Fabriken. Sie werden auf Fließbändern und mithilfe von Robotern montiert.

Man benötigt viele Arbeiter um ein Gebäude zu errichten, außerdem Maschinen wie diesen Kran um schwere Teile hochzuheben.

Wissenschaftler untersuchen viele Stoffe. Sie finden heraus, wie man Medikamente, Plastik und viele andere Dinge herstellt, die wir jeden Tag brauchen.

Land und Meer

Bauern und Fischer arbeiten hart um unser Essen zu produzieren. Manche Bauern bauen Getreide, Obst und Gemüse an, andere halten Tiere. Der von den Fischern gefangene Fisch wird an Fischfabriken und auf Fischmärkten verkauft.

Auf einer australischen Farm wie dieser werden Tausende Schafe gehalten. Sie liefern Schaffleisch oder werden geschoren. Die Wolle wird verkauft.

Reis wird vorwiegend in Asien angebaut. Er braucht viel Wasser, sodass die Reisfelder immer überflutet sind. Oft wird der Reis mithilfe von Sicheln geerntet.

Getreide wird mit großen Mähdreschern geerntet. Sie schneiden die Halme und trennen die Körner von den Stielen.

Der meiste Fisch wird mit großen Netzen gefangen, die von Fischtrawlern gezogen werden. An Deck wird der Fisch auf Eis gelegt, damit er frisch bleibt.

Unsere Nahrung

Überall kochen und essen die Menschen anders. Einige Länder haben ganz spezielle Rezepte. Italien zum Beispiel ist berühmt für seine Spagetti und Indien für seine Curry-Gerichte.

In Asien werden Fleischspieße mit Erdnusssoße serviert.

Sushi ist ein traditionelles japanisches Gericht. Es besteht aus kleinen rohen Fischstücken auf Reis.

Frankreich ist für seine feine Küche berühmt. Die Zutaten zum Salat unten sind Thunfisch, Kartoffeln, Eier und Oliven. Dazu isst man französisches Baguette.

Die Paella wird in Spanien zubereitet. Reis wird mit Gemüse und Hühnchen oder Fisch gekocht und mit einem gelben Gewürz, dem Safran, gefärbt.

Chow Mein ist ein chinesisches Gericht. Eiernudeln werden zusammen mit gehacktem Gemüse und Fleisch oder Fisch gebraten.

Hamburger kommen aus den Vereinigten Staaten. Beefburger werden mit Salat in einem weichen Brötchen serviert.

GESICHTSPIZZA

Schneide Käse, Tomaten, Pilze und Paprikaschoten. Verteile Tomatenmark auf einem Pizzaboden und arrangiere das Gemüse darauf in lustigen Gesichtern. Backe die Pizza im vorgeheizten Backofen etwa 10-15 Minuten.

Kleidung

Die Menschen tragen alle möglichen Kleidungsstücke um sich warm zu halten. Je nach Tätigkeit und Umgebungstemperatur ziehen sie ganz verschiedene Sachen an.

Kinder mögen bequeme Kleidung, in der sie gut herumtollen können.

Menschen in kalten Ländern tragen mehrere Kleidungsstücke übereinander um sich warm zu halten. Kleidung und Schuhe sind wasserdicht um Schnee und Regen fern zu halten.

In Indien ist die traditionelle Frauenkleidung der Sari – ein langes Tuch, das rund um den Körper gewickelt wird.

In heißen Ländern tragen die Menschen lockere Kleidung um kühl zu bleiben. Diese Massai-Frauen tragen für ein Fest große, mit Perlen verzierte Kragen.

Sportler tragen besondere Sportanzüge. Sie liegen eng am Körper an und sind elastisch, damit man sich leicht bewegen kann. Manchmal brauchen sie auch Helme oder Polster um sich vor Verletzungen zu schützen.

Kunsthandwerk

Auf der ganzen Welt stellen die Menschen Ziergegenstände her oder malen Bilder, formen Keramik und Schmuck oder weben Teppiche. Das Handwerk wird von den Eltern an ihre Kinder überliefert.

Die Navajo-Indianer zeichnen für besondere Zeremonien Sandbilder auf den Boden. Die Muster werden mit verschiedenfarbigem Sand gelegt. Einige Bilder haben magische Bedeutung.

In vielen Ländern wird Porzellan hergestellt. Es werden immer wieder die gleichen Muster verwendet.

Einige afrikanische Völker machen für besondere Feierlichkeiten Masken aus Ton, Holz oder Metall.

Diese farbenfrohen Tücher stammen aus Ghana in Westafrika. Sie sind aus Baumwolle in vielen verschiedenen Farben gewebt.

In Turkmenistan in Asien weben die Frauen bunt gemusterte Wollteppiche, für die das Land berühmt ist. Die Herstellung hat sich über Tausend Jahre lang nicht geändert.

PAPIERTEPPICH

Falte einen Bogen dünne Pappe in der Mitte und schneide Schlitze wie auf dem Bild hinein.

Öffne die Pappe und klebe bunte Papierstreifen auf einer Seite fest.

Ziehe die Streifen immer durch die Schlitze, bis du ein ähnliches Muster wie unten erhältst. Fertig ist dein bunter Teppich.

Religionen

Viele Menschen auf der ganzen Welt gehören einer Religion an. Sie glauben an Gott oder Götter, die die Welt erschufen und über sie wachen. Es gibt viele Religionen und jede hat ihre eigenen Traditionen und Kulte.

Die Juden glauben an einen Gott. Sie zünden an ihrem Hanukkah-Fest (Lichterfest) Kerzen in einem besonderen Kerzenhalter, der Menora, an.

Die Hindus beten viele Götter an. Sie glauben, dass die Menschen nach dem Tod wiedergeboren werden. Die Frauen hier feiern Diwali, das Lichterfest. Oben links ist der Gott Schiwa zu sehen.

Die Muslime folgen den Gesetzen des Islam, der vom Propheten Mohammed begründet wurde. Sie glauben an einen Gott, Allah, und beten in Moscheen zu ihm. Ihr heiliges Buch ist der Koran.

Minarett (Turm) einer Moschee

Kirchturm

Christen beten einen Gott an und glauben an seinen Sohn Jesus Christus. Ihr heiliges Buch ist die Bibel. Sie beten in Kirchen, Kapellen und Kathedralen.

Buddhisten folgen den Lehren Buddhas (Bild) und beten in Tempeln. Sie glauben an eine Wiedergeburt nach dem Tod und an eine Belohnung für gute Taten im nächsten Leben.

Feste und Feiern

Feste werden mit Musik, Tänzen, schönen Kleidern und Unterhaltung gefeiert. Die meisten erinnern an besondere Ereignisse. Es gibt religiöse Feste, aber beispielsweise auch jahreszeitliche.

Die Chinesen feiern ihr Neujahr mit einem Fest, bei dem große bunte Drachen durch die Straßen ziehen. Die Menschen führen Laternen mit sich und veranstalten Feuerwerke.

In Schweden dekorieren die Menschen einen Maibaum und tanzen in der Mittsommernacht um ihn herum.

Während des japanischen Hinamatsuri-Festes setzen die Menschen Papierblumen oder -puppen auf einen Fluss, damit ihre Sorgen davongetragen werden.

BUNTE EIER

Bitte einen Erwachsenen, Löcher in beide Enden von Eiern zu stechen. Blase den Inhalt aus, spüle die hohlen Eier und lasse sie trocknen. Entweder beklebst du sie mit kleinen Buntpapierstücken oder bemalst sie – zuerst eine Hälfte, wenn sie trocken ist, die andere.

Zu Halloween machen die Leute in den Vereinigten Staaten Kürbisgesichter um böse Geister zu vertreiben.

Viele Christen verschenken zu Ostern bunte Oster- und Schokoladeneier.

Musik und Tanz

Überall auf der Welt lieben die Menschen Musik und Tanz. Sie spielen Hunderte verschiedener Instrumente und kennen viele Musikarten. Die meisten Völker haben ihre eigene Volksmusik und Tänze.

Ballett ist eine besonders anmutige Art zu tanzen. Balletttänzer müssen jahrelang üben um die verschiedenen Tanzschritte zu lernen.

Dieses indonesische Orchester wird Gamelan genannt. Die Musiker spielen Xylophone, Glockenspiele, Gongs und Trommeln.

Musik und Tanz spielen eine wichtige Rolle bei Festen. Beim Esala Perahera in Sri Lanka ziehen Trommler und Tänzer in herrlichen Kostümen mit Elefanten durch die Straßen.

RASSELN

Schütte Reiskörner oder trockene Linsen in einen leeren Joghurtbecher und stülpe einen zweiten darüber. Klebe beide mit Klebeband zusammen. Mache zwei solche Rasseln, verziere sie – und los geht's!

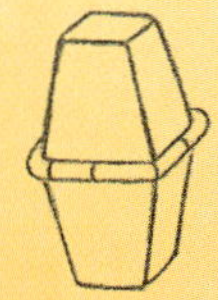

Querflöte und Blockflöte sind Blasinstrumente. Indem man bestimmte Löcher mit den Fingern zuhält, erzeugt man verschiedene Töne.

Unterhaltung

Man kann sich auf viele verschiedene Arten unterhalten. Du kannst ins Kino oder Theater gehen oder einen Vergnügungspark besuchen. Vielleicht willst du auch ein Buch lesen oder am Computer spielen.

Beim indonesischen Schattentheater sitzen die Zuschauer auf beiden Seiten eines Schirms. Eine Hälfte sieht die Figuren, die andere nur deren Schatten auf dem Schirm.

Vergnügungsparks können eine aufregende Sache sein. Sie bieten viele Attraktionen wie z.B. diese Achterbahn (unten).

In Städten werden manchmal große Feuerwerke zu einem bestimmten Anlass veranstaltet. Die Menschen schauen sich am Nachthimmel an, wie sich fantastische Farben und Muster bilden.

Mit diesem Helm und den Handschuhen gelangst du in eine andere Welt. Sie sind mit einem Computer verbunden, der Bilder und Töne erzeugt – eine virtuelle Realität.

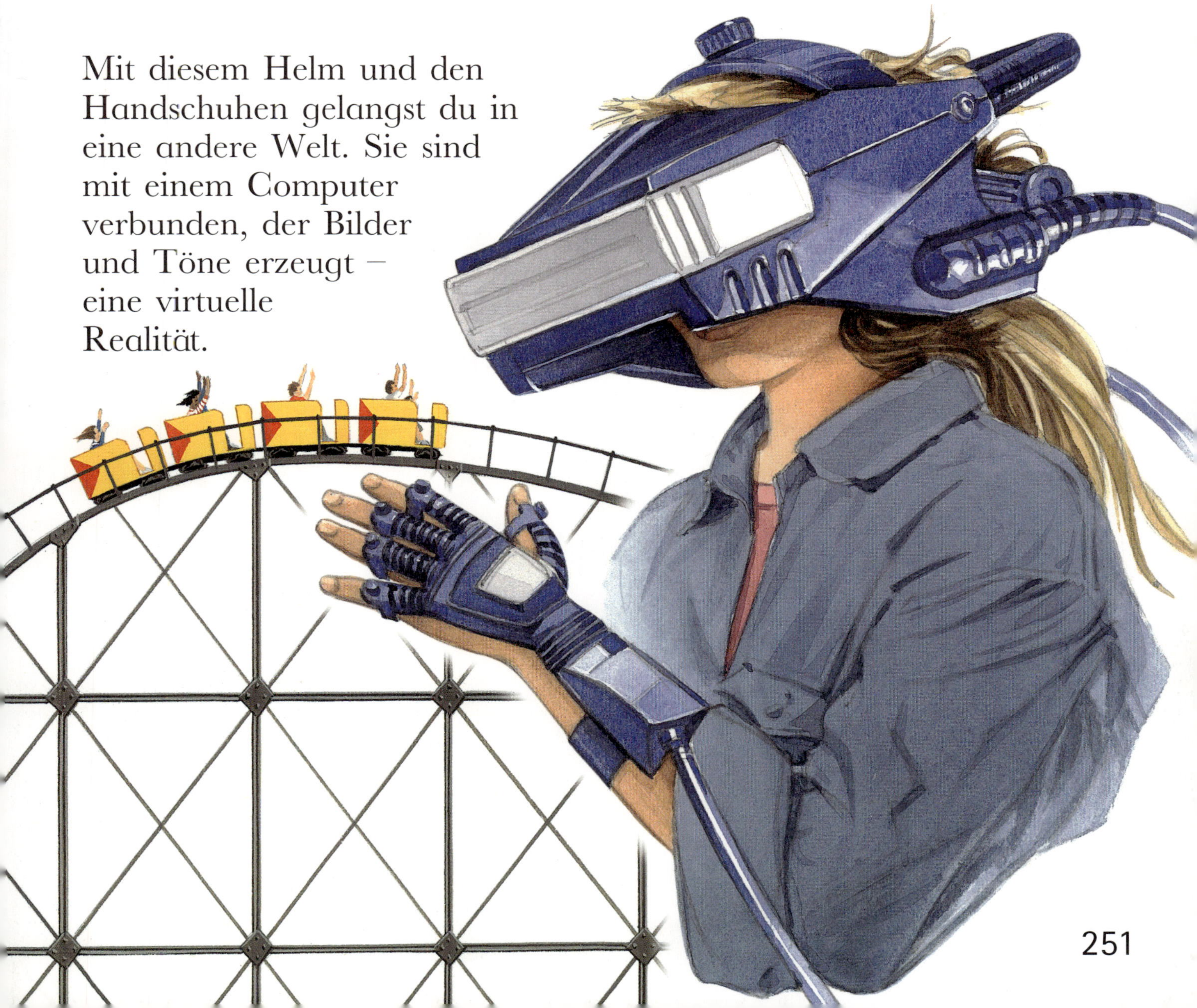

Sport und Hobbys

Viele Menschen treiben gerne Sport. Das macht Spaß und hält gesund und fit. Viele haben auch Hobbys, sie beschäftigen sich in der Freizeit mit einem bestimmten Thema.

Eishockey ist ein schnelles und hartes Spiel. Die Spieler tragen Schlittschuhe und Helme. Die Mannschaften müssen versuchen eine flache Scheibe, den Puck, ins Tor zu schießen.

Beim Basketball spielen zwei Mannschaften gegeneinander. Wer mehr Bälle in den gegnerischen Korb wirft, hat gewonnen.

Fußball ist wohl die weltweit bekannteste Sportart. Die meisten Länder haben Nationalmannschaften, die in Meisterschaften gegeneinander spielen.

Schach ist ein Brettspiel für zwei Spieler, die eine Art Schlacht gegeneinander führen. Wer den König des Gegners nehmen kann, hat gewonnen.

Viele Kinder haben einen Computer zu Hause. Sie können damit ihre Hausaufgaben machen, aus dem Internet lernen oder alle möglichen Spiele spielen.

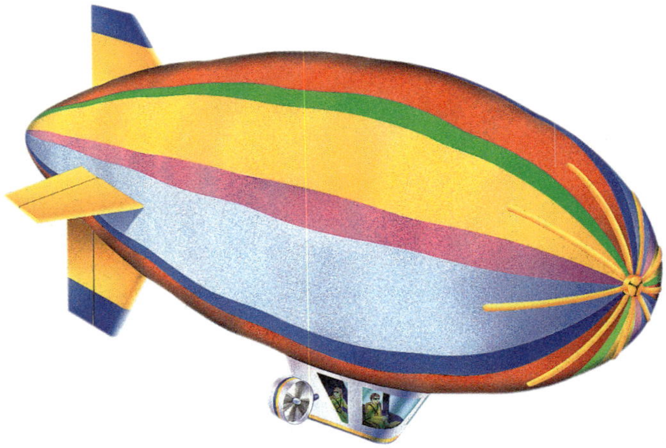

Verkehrs-mittel

Wie war es früher?

Die ersten Autos, Schiffe, Züge und Flugzeuge sahen ganz anders aus als heute. Sie waren nicht so stromlinienförmig und folglich viel langsamer.

Vor dem Zeitalter des Autos reisten die Reichen in Kutschen mit Pferdegespannen – eine recht unbequeme Fortbewegungsart.

Die Züge wurden früher von Dampflokomotiven gezogen, die meist mit Kohle gefeuert wurden. In Amerika hatten diese Loks „Kuhfänger" um die Strecke frei zu machen.

Nach Erfindung des Flugzeugs wetteiferten die Piloten miteinander, wer als erster Meere oder Gebirge überfliegen konnte.

Früher bestanden die Schiffe aus Holz. Meist hatten sie viele Segel, sodass sie vom Wind über die Meere getrieben wurden. Die ersten Entdecker umsegelten die Welt mit derartigen Segelschiffen.

Die ersten Autos waren noch sehr langsam. Ihre Räder hatten Speichen und ähnelten den Rädern von Fahrrädern.

Fahrräder

Fahrräder haben zwei Räder. Wenn du in die Pedale trittst, wird deine Kraft durch die Kette auf das Hinterrad übertragen. Mit der Lenkstange am Vorderrad lenkst du. Du musst immer gut dein Gleichgewicht halten.

Du kannst mit dem Fahrrad deinen Wohnort oder die Umgebung erkunden oder Touren über Radwanderwege machen. Trage immer einen Fahrradhelm und Knieschoner, damit du dich bei einem Sturz nicht verletzt.

Es gibt viele verschiedene Fahrradtypen, aber die wichtigsten Teile sind bei allen gleich.

Kette ölen

Bremsen einstellen

Du musst dein Fahrrad pflegen, es regelmäßig ölen und alle Schrauben fest anziehen. Dann läuft es gut und ist sicher.

Straßenverkehr

Auf den Straßen fahren alle möglichen Fahrzeuge. Autos und Busse bringen die Menschen an andere Orte. Lastwagen transportieren die Dinge, die man in Geschäften kaufen kann.

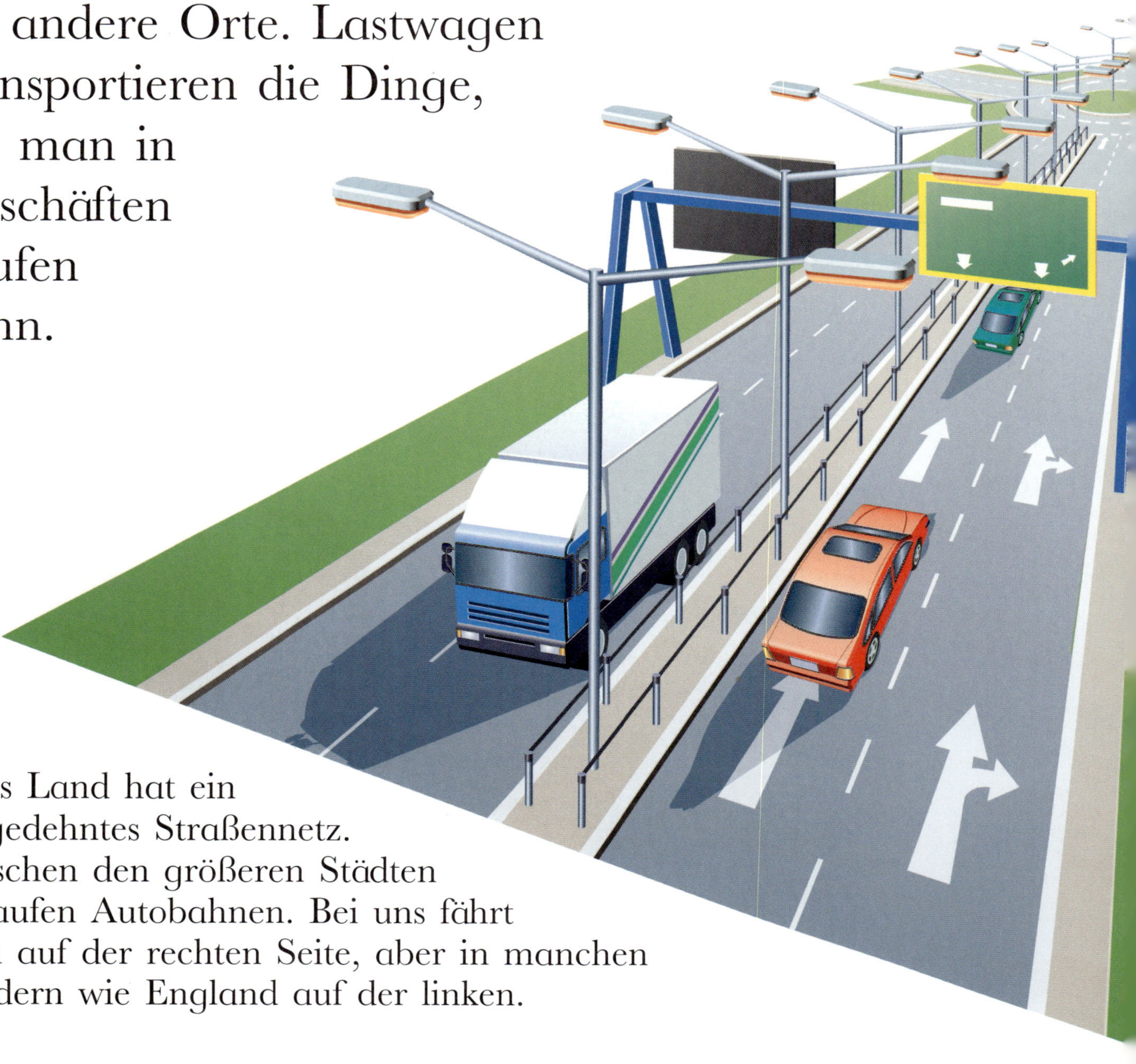

Jedes Land hat ein ausgedehntes Straßennetz. Zwischen den größeren Städten verlaufen Autobahnen. Bei uns fährt man auf der rechten Seite, aber in manchen Ländern wie England auf der linken.

Busse bieten Platz für viele Reisende. Hier siehst du einen amerikanischen Reisebus, mit dem die Menschen in andere Städte fahren.

Dieser Transporter bringt neue Autos von der Fabrik zu den Autohändlern. Die Autos sind gut festgemacht, sodass sie unterwegs nicht herunterfallen können.

MALE EINE STRAßENKARTE

Klebe viele Papier- oder Pappbogen zusammen und zeichne Straßen darauf ein. Sie sollten für Spielzeugautos breit genug sein. Dazu kommen Häuser, Grünflächen, Bäche und Bäume. Lege die Karte auf den Boden – nun kannst du mit deinen Autos darauf herumfahren.

Autos

Autos können verschiedene Formen und Größen haben. Die Menschen fahren mit ihnen zur Arbeit, zum Einkaufen oder in Urlaub. Die meisten Autos werden mit Benzin oder Diesel angetrieben.

Dies ist das längste Auto der Welt. Es hat 16 Räder und am Heck einen eigenen Swimmingpool.

Dieser Geländewagen kann auch über schwieriges Gelände fahren. Er hat einen starken Motor mit Vierradantrieb. Normale Autos haben nur einen Zweiradantrieb.

Sportwagen können schnell fahren. Sie besitzen einen starken Motor und haben eine stromlinienförmige Karosserie. Meist haben nur zwei Leute drin Platz.

Erfinder bauen auch Autos, die kein Benzin benötigen, sondern große Solarzellen haben. Die Sonnenstrahlen werden in Strom umgewandelt, der das Auto antreibt.

Rennwagen

Manche Autos und Motorräder sind speziell für Rennen konstruiert. Sie sollen möglichst schnell sein. Sie dürfen aber nur auf Rennbahnen fahren, nicht auf normalen Straßen.

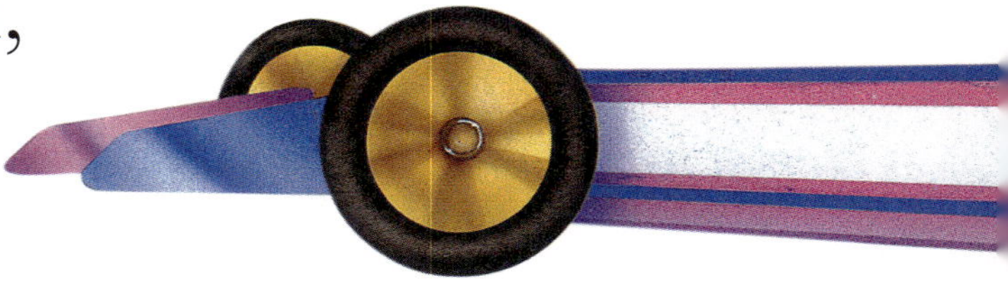

Formel-1-Wagen haben extrem starke Motoren und können weit über 200 Kilometer pro Stunde erreichen. Mit ihnen werden weltweit Autorennen gefahren.

Dieser Rennwagen hat hinten eine Art Flügel. Der soll allerdings nicht das Auto in die Luft heben, sondern es bei hohen Geschwindigkeiten auf der Spur halten.

Mit Motocross-Rädern fährt man auf bestimmten Arealen querfeldein. Die Fahrer sehen hinterher ganz schön dreckig aus!

LKWs und Traktoren

Lastwagen und Traktoren sind Nutzfahrzeuge. Sie transportieren Güter bzw. werden bei der Feldarbeit eingesetzt. Dazu benötigen sie sehr starke Motoren.

Ein Sattelschlepper transportiert Güter über große Entfernungen. Wo der Anhänger aufliegt, hat der Sattelschlepper ein Gelenk, damit er um Kurven kommt.

Traktoren werden in der Landwirtschaft eingesetzt. Damit der Traktor im Schlamm nicht stecken bleibt, hat er so große Hinterräder.

Die Güter werden im Anhänger transportiert.

Ein Tanklastwagen befördert in zylinderförmigen Tanks alle möglichen Flüssigkeiten von Benzin über Heizöl bis zur Milch.

Auf diesem Gelenk liegt der Anhänger auf der Zugmaschine auf.

In der Zugmaschine befindet sich ein Schlafabteil, wo der Fahrer bei langen Fahrten übernachten kann.

Die Zugmaschine befördert den ganzen Lastzug. Ihre großen Tanks sind hinter dem Fahrerhaus.

Baustellenfahrzeuge

Auf Baustellen wird die Schwerarbeit von verschiedenen Maschinen verrichtet. Einige graben den Boden auf, andere heben schwere Teile oder fahren Sand und Steine.

Mit dem Kipplastwagen wird Sand, Erde oder Kies zu den Baustellen transportiert. Mit starken Kolben wird die Ladefläche gekippt um den Lastwagen auszuleeren.

FLASCHENZUG

Biege mit einem Erwachsenen einen Kleiderbügel auf und hänge wie gezeigt eine leere Garnrolle ein. Häng den Kleiderbügel auf und binde eine Kordel an einen Eimer. Die Kordel führst du über die Garnrolle und ziehst am freien Ende den Eimer damit hoch.

Dieses Fahrzeug kann baggern und planieren und ist sehr vielseitig. Vorn hat es eine breite Schaufel um den Boden einzuebnen oder Erde hochzuheben. Hinten befindet sich die Baggerschaufel.

Mit diesem fahrbaren Kran können schwere Teile bewegt werden. Über den Kranausleger verlaufen Stahlseile. Vorn haben sie einen Haken für die Last, hinten im Fahrzeug eine Winde.

Eisenbahn

Züge laufen auf Schienen. Meist zieht eine starke Lokomotive mehrere Wagen. Es gibt Personenzüge, Intercitys sowie Güterzüge. Früher wurden die Züge von Dampfloks gezogen, heute sind es Dieselloks oder (elektrische) E-Loks.

Die „Mallard“ war die schnellste Dampflok – sie schaffte 203 Kilometer pro Stunde.

Heute gibt es Hochgeschwindigkeitszüge wie den ICE, den japanischen Shinkansen oder den französischen TGV, die teilweise über 300 Kilometer pro Stunde schnell fahren. Sie werden alle elektrisch angetrieben.

BAU DEINEN EIGENEN ZUG

Klebe für die Lokomotive zwei Kartons zusammen. Schornstein und Puffer bestehen aus Papprohren. Für die Waggons nimmst du weitere Kartons und für die Räder Picknickteller aus Pappe.

In den USA ziehen starke Dieselloks Güterzüge quer durch den amerikanischen Kontinent von Küste zu Küste. Sie müssen dabei ein hohes Gebirge, die Rocky Mountains, überqueren.

Tunnel und Brücken

Tunnel und Brücken verkürzen unsere Reisewege. Brücken führen Straßen und Eisenbahnen über Flüsse und andere Verkehrswege. Tunnel leiten den Weg quer durch einen Berg oder sogar unter Flüssen und Meeren hindurch.

Beim Tunnelbau werden riesige Baumaschinen eingesetzt oder Löcher mit Sprengstoff gesprengt.

U-Bahnen fahren in Tunnelsystemen unterhalb von Großstädten. Hier siehst du, wie sich zwei Linien in verschiedenen Tiefen an einer U-Bahnstation kreuzen.

Mit einem Kran wird ein Brückenteil hochgezogen.

Brücken werden aus Beton, Stahlträgern und Stahlseilen gebaut. Zuerst werden Brückenpfeiler und die beiden Brückenenden fest verankert. Dann heben starke Kräne die Brückendecke an ihren Platz.

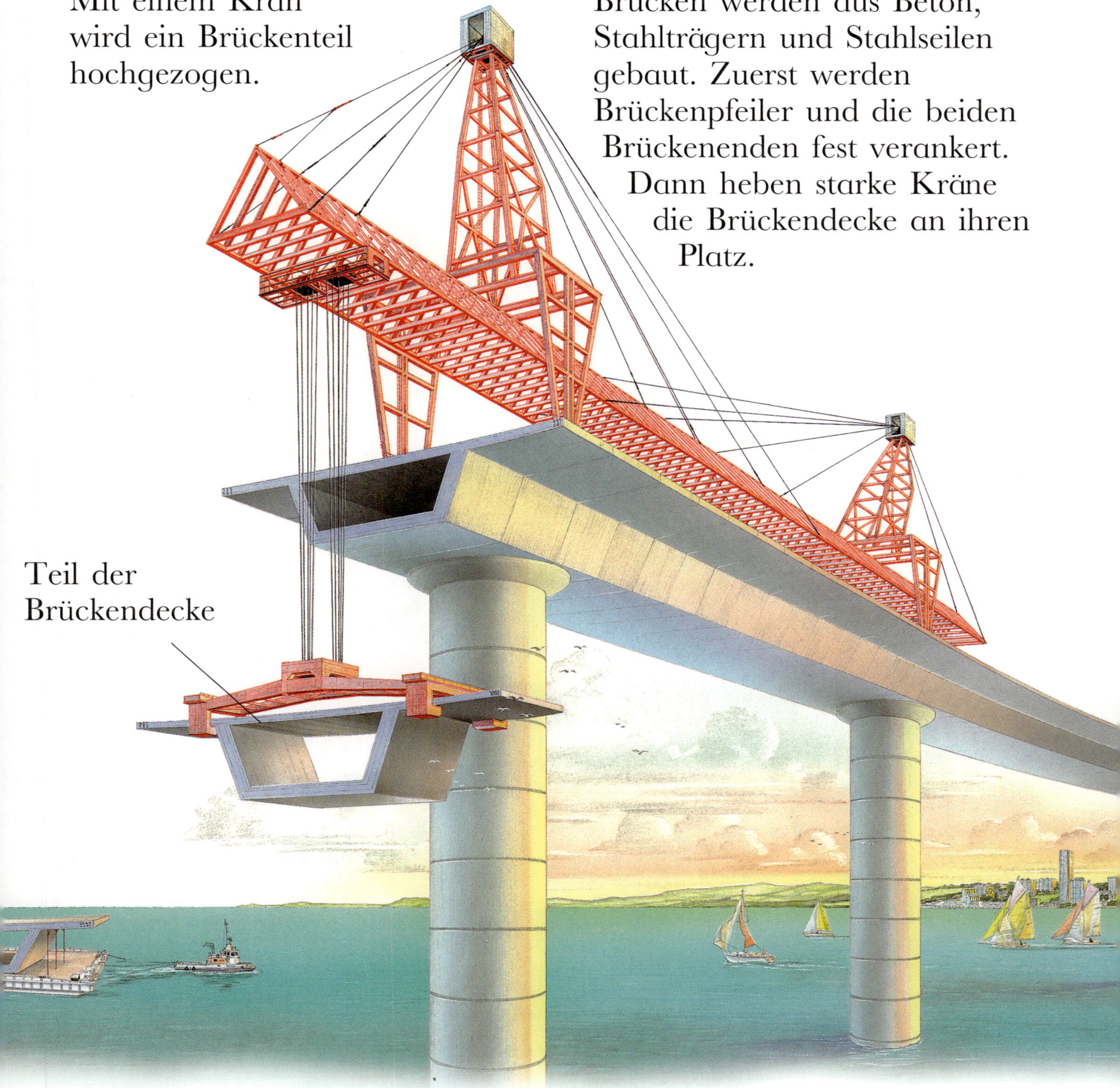

Die Brückenteile werden mit Schleppern an die richtige Stelle gezogen.

Schiffe und Boote

Die Menschen bauten viele verschiedene Schiffe und Boote um Flüsse und Meere zu überqueren, um neue Länder zu entdecken oder auf Reisen zu gehen. Heute werden auf Hochseeschiffen meist Industrieprodukte und Erdöl um den Globus transportiert.

Früher fuhr man mit Segelschiffen wie dieser Galeone. Der Wind trieb sie durch ihre Segel an und oft dauerten die Reisen viele Monate.

Dies ist einer der ersten Dampfer. Mit Holz oder Kohle wurde eine Dampfmaschine betrieben, die das Schaufelrad am Heck antrieb.

Diese moderne Fähre, ein Katamaran, hat zwei Rümpfe, wodurch sie sehr stabil im Wasser liegt und bei Seegang kaum rollt.

Ein Kreuzfahrtschiff ist wie ein schwimmendes Hotel mit vielen Freizeiteinrichtungen. Die Passagiere machen damit weite Reisen und legen an vielen Häfen unterwegs an. Der Schiffsmotor treibt große Schiffsschrauben an, wodurch das Schiff bewegt wird.

EIN KATAMARAN

Bitte einen Erwachsenen, eine Plastikflasche für die beiden Rümpfe längs durchzuschneiden. Klebe mit wasserfestem Klebeband Balsaholzstreifen quer über die Rümpfe um sie zu verbinden. Nun kannst du den Katamaran in einer Schüssel oder der Badewanne schwimmen lassen.

U-Boote

U-Boote können wochenlang unter dem Meeresspiegel fahren, ohne aufzutauchen. Die meisten U-Boote sind bewaffnete Kriegsschiffe. Es gibt aber auch U-Boote zu Forschungszwecken.

Das erste militärische U-Boot hatte nur für eine Person Platz. Der Fahrer sollte den Propeller antreiben und ein feindliches Schiff ansteuern um dort eine Bombe anzubringen. Da das aber nicht funktionierte, wurde dieses U-Boot nie wieder eingesetzt.

Kleine U-Boote können sehr tief tauchen und werden zur Reparatur von Unterseekabeln und -pipelines oder zu Forschungszwecken eingesetzt. Dieses U-Boot hat Roboterarme, die Gegenstände bewegen können.

Große U-Boote werden mit Diesel oder Atomkraft angetrieben. Mithilfe eines Propellers bewegen sie sich durchs Wasser. Mit dem Ruder werden Richtung und Tauchtiefe eingestellt. Mit einem Rohr, dem Periskop, kann der Kapitän auskundschaften, was sich über der Wasseroberfläche befindet.

Luftfahrzeuge

Es gibt viele Arten von Flugmaschinen. Einige können sehr schnell fliegen, andere sind sehr wendig und können zum Beispiel auf dem Kopf fliegen.

Ein Luftschiff ist mit einem leichten Gas, Helium, gefüllt und wird von einem kleinen Motor vorwärts getrieben. Solche Luftschiffe, die Zeppeline, werden heute meist als Werbeträger oder für Luftbilder eingesetzt.

Mit Jets reist man am schnellsten. Sie befördern Passagiere in alle Länder der Erde. Dieser Jet bietet Platz für 250 Personen.

EIN GYROKOPTER

Schneide ein 16 cm langes und 4 cm breites Blatt Papier zurecht, mache einen 8 cm langen Schlitz in die Mitte. Falte die beiden Teile um und befestige am unteren Ende eine Büroklammer. Wenn du den Gyrokopter aus der Höhe starten lässt, schraubt er sich langsam nach unten.

Dieser Senkrechtstarter braucht keine Rollbahn – er startet und landet an einer Stelle. Er kann auch schnell wenden und wie ein Hubschrauber auf der Stelle schweben.

Ein Hubschrauber (Helikopter) hat oben Rotorblätter und hinten Heckrotoren. Damit kann er vorwärts, seitwärts und rückwärts fliegen und in der Luft schweben.

Flugreisen

Verkehrsflugzeuge sind meistens Jets mit starken Triebwerken. Sie fliegen bis zu etwa 1000 Kilometer pro Stunde schnell und bringen Passagiere in wenigen Stunden in andere Erdteile.

Ein moderner Jumbo-Jet hat Platz für über 400 Fluggäste. Pilot und Copilot sitzen im Cockpit.

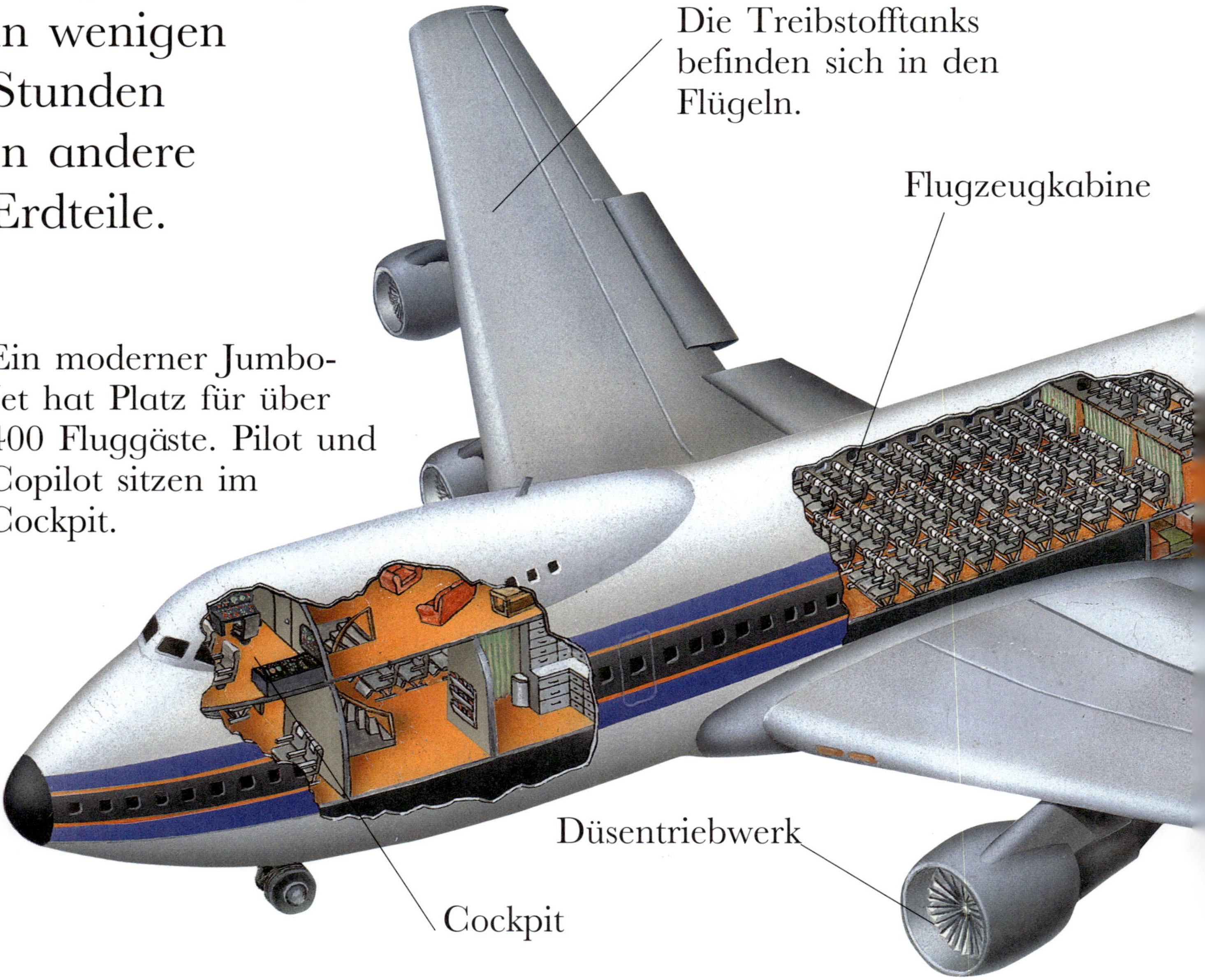

Das Seitenleitwerk hält das Flugzeug in der richtigen Bahn.

Mit den Höhenrudern kann das Flugzeug seine Flughöhe ändern.

Mit den Seitenrudern kann das Flugzeug seine Richtung ändern.

SEGELFLUGZEUG

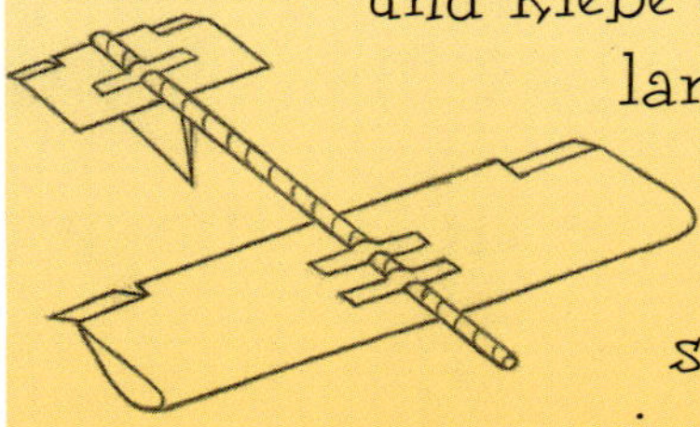

Schneide für den Flügel ein Stück dickes Papier von 24 x 13 cm aus und klebe die langen Kanten zusammen. Nun schneide zwei Schlitze in die verklebte Kante und falte die beiden Ruder heraus. Für das Heck brauchst du ein zweites Stück Papier von 20 x 3,5 cm. Falte es wie links gezeigt, sodass es in der Mitte hochragt. Mache 1 cm tiefe Schlitze für die Heckruder. Flügel und Heck werden nun mit einem Trinkhalm verbunden. Vorn an den Halm kommt eine Büroklammer als Gewicht. Wie fliegt der Segler?

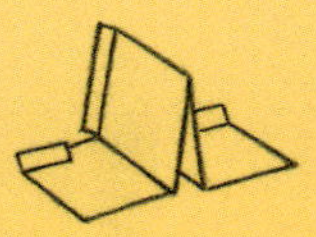

Wenn dein Segelflugzeug fertig ist, bewege die Ruder nach oben und unten und das Seitenleitwerk nach rechts und links. Wie wird dadurch sein Flug beeinflusst?

Rettungsfahrzeuge

Bei Verkehrsunfällen oder Bränden rufen wir Rettungsfahrzeuge, die speziell zur Rettung von Menschen oder zum Feuer löschen ausgerüstet sind. Polizei, Feuerwehr und Krankenwagen sind die wichtigsten Rettungsdienste.

Die Polizei hat Autos oder Motorräder mit Sirenen und Blaulicht um schnell zum Unfallort zu kommen.

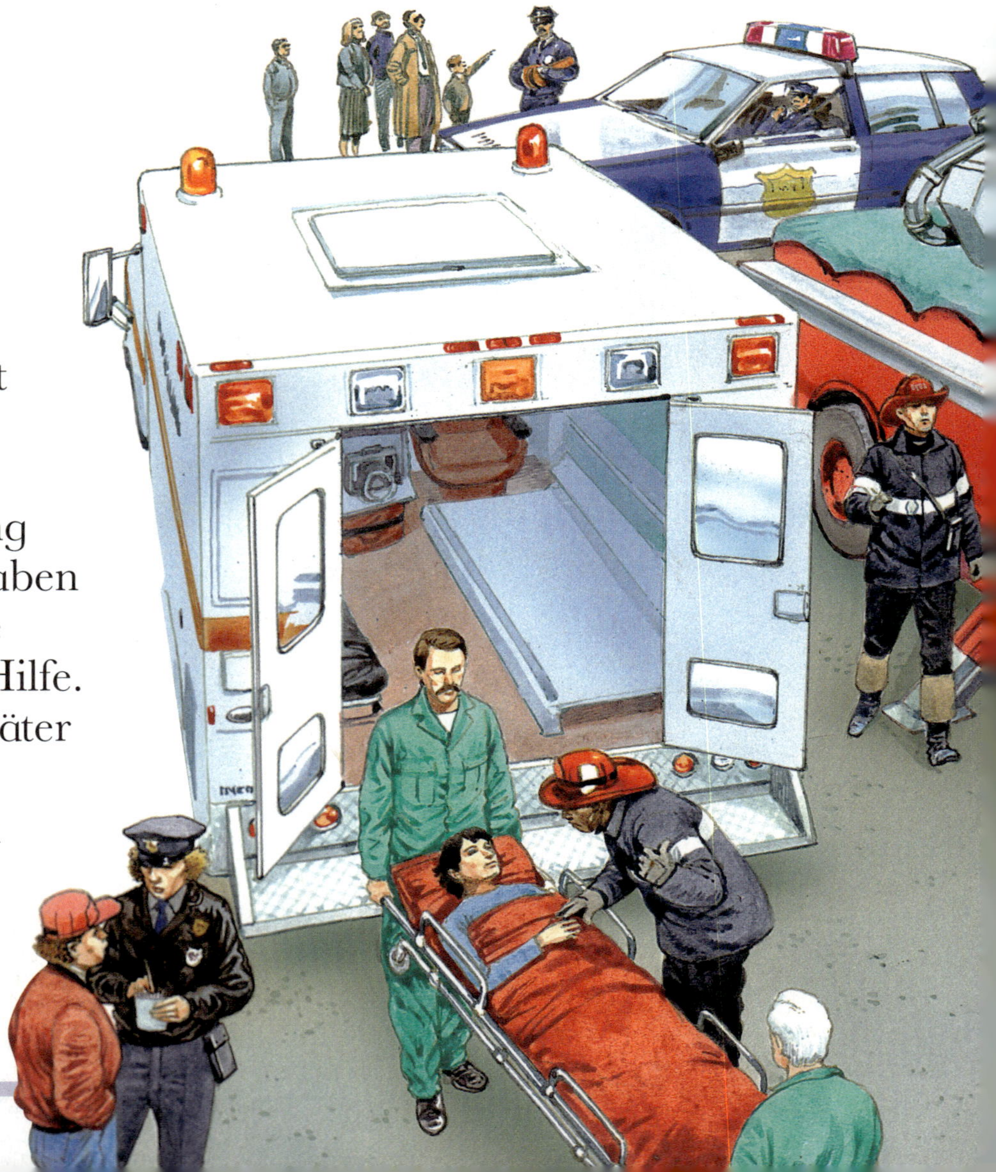

Jeder Rettungsdienst hat seine eigene Aufgabe. Krankenwagen bringen Verletzte zur Behandlung ins Krankenhaus. Sie haben Betten und medizinische Ausrüstung zur Ersten Hilfe. Auf Tragen laden Sanitäter die Verletzten in das Fahrzeug und kümmern sich während der Fahrt um sie.

Die Feuerwehr hat Fahrzeuge mit weit ausfahrbaren, drehbaren Löschbühnen um auch höher gelegene Etagen zu erreichen.

Mit Wasser aus Hochdruckschläuchen wird das Feuer gelöscht.

Register

Wenn du über einen Begriff etwas wissen willst, findest du mit diesem Register die entsprechenden Seiten im Buch. Das Register ist alphabetisch geordnet.

A

Aal 155
Ableger 106
Achterbahn 250
Adler 170
Affen 178-179
Afrika 64-65, 193, 231, 243
Ahornnüsse 115
Albatross 169
Allah 245
Alligator 59, 142-143
Ameise 63, 123, 158
Ammonit 75, 79
Amphibien 76, 80-81, 144-145
Anakonda 136
Antarktis 68
Antilope 65
Aquarium 149
Ara 63
Ärzte 222-223
Asien 237, 238, 243
Asteroide 27
Astronauten 24, 36-37, 220
Atmen 208-209, 220
Aussterben 77, 96-97, 192
Australien 123, 186-187, 236
Auto 70, 71, 234, 257, 261-265

B

Babys 216-217
Bagger 268-269
Bakterien 222
Ballett 201, 248
Bär 181
Basketball 252
Bauchnabel 217
Bauern 236-237
Bäume 60-61, 62, 64, 105, 113, 116-117, 131
Beeren 112-113
Bestäubung 114-115
Beuteltiere 186-187
Bibel 245
Biber 185
Biene 111, 158
Blindenschrift 210
Blitz 52
Blockflöte 249
Blumen 108-111
Briefmarken 226
Brombeere 112
Brot 238
Brücken 272-273
Buddha 245
Busse 261

C

Chamäleon 138, 139
China 193, 239
Chinesisches Neujahr 246
Christen 245, 247
Computer 251, 253

D

Dachs 61
Dampfmaschinen 256, 274
Delfin 176
Dinosaurier 74, 77, 82-91, 96-97
Distelfink 123
Diwali-Fest 244
Dodo 77
Donner 52
Drachen 246

E

Echsen 67, 134-135, 138-139
Efeu 126
Eiche 105
Eichel 105
Eichhörnchen 60, 184

Eier 90-91, 134, 140, 143, 146, 148, 160, 174-175, 191
Eingeweide 198
Eisbär 69
Eisenbahnen 270-273
Eishockey 252
Eisvogel 168
Elefant 65, 183, 249
Elektrizität 71
Ente 169, 172
Epiphyten 104
Erdbeben 46-47
Erde 10, 16, 18, 22-23, 42-43
Erdferkel 190
Erdölförderung 43, 234-235
Essen 214-215
Eukalyptus 123, 187
Eule 66, 171
Evolution 76-77

F

Fabriken 70, 234
Fahrrad 201, 258-259
Farn 75, 118-119
Federn 94, 166, 168, 171
Feiern 246-247, 249
Feuerwehrfahrzeuge 283
Feuerwerk 251
Fichte 117
Fingerabdruck 203
Fisch 56, 59, 76, 79, 148-155, 237
Fischer 236-237
Flaggen 226-227
Flaschenzug 269
Flechten 118-119
Fledermaus 177
Fliegen 94-95, 166, 168-169
Flöten 249
Flügel 94-95, 159, 166, 168, 177
Flugmaschinen 278-281
Flugzeuge 257, 278-281
Flüsse 43, 55-57, 273
Fossilien 74-75
Frankreich 238, 270
Frosch 59, 63, 144, 146-147
Früchte 112-113, 129, 214
Frühe Menschen 77, 100-101
Fuchs 60, 67
Fühler 157, 158, 161
Fußball 201, 253

G

Galaxien 14-15
Galeone 274
Gans 169, 172
Gänseblümchen 109
Garnele 156-157
Gavial-Krokodil 142
Gazelle 64
Gebäude 230-231, 233, 235
Gebirge 42, 48-49, 56
Gecko 134, 138
Gehirn 198, 204-206
Geier 171
Gelenke 200-201
Gemüse 128, 214
Gepard 181
Ghana 243
Gibbon 63
Gilaechse 138
Giraffe 64, 127, 191
Gnu 183
Gorilla 178-179
Götter 244-245
Grand Canyon 51
Gürteltier 190
Gymnastik 206-207

H

Haar 202-203, 219
Hahnenfuß 108
Hai 152-153
Halloween 247
Hanukka 244
Hase 49, 68
Häuser 230-231
Haut 202-203, 210, 219
Herz 198-199
Hindus 244
Höhlen 50, 100
Hubschrauber 235, 279
Hummer 157
Hundertfüßer 163
Husten 209

I

Iguana 138
Indien 192, 238, 241
Indonesien 230, 248, 250
Inhalator 223
Injektionen 223
Insekten 94-95, 111, 124-125, 158-159
Islam 245
Italien 44, 238

J

Jahreszeiten 23, 26
Japan 238, 247
Java 250
Jesus Christus 245
Jets 279, 280
Judentum 244
Jupiter 16, 28, 29

K

Kaiman 137, 142
Kakteen 66-67, 126
Kamel 66
Känguru 186, 187
Kaninchen 177
Karotte 128
Katamaran 275
Kaulquappe 146-147
Kipplastwagen 268
Kirchen 245
Klauen 86, 88, 156, 157, 170
Klee 109
Kleidung 240-241
Knochen 200-201
Koala 123, 187
Kohlendioxid 107, 208
Kolibri 110, 169
Komet 32, 33
Komodowaran 139
Korallenriffe 78-79, 150-151
Koran 245
Krabben 156-157
Krähe 174
Krane 235, 269, 273
Krankenwagen 282
Krankheiten 222-223
Kresse 115
Krokodil 142-143
Kröten 144-145
Kürbis 113, 247
Kutschen 256, 270

L

Lachs 56, 181
Länder 226-227
Landkarten 228-229, 261
Lastwagen 260, 266-267
Laub 107, 116
Lava 44-45
Lehrer 232
Libelle 59, 95
Löwe 65
Luft 43, 208-209
Luftschiffe 278
Lunge 198, 208, 209

M

Magen 198, 215
Magma 44
Mähdrescher 237
Mammut 101
Mars 16, 26-27
Marsch 58-59
Masken 89, 243
Maus 122, 185
Mausmaki 62
Medikamente 193, 222-223, 235
Meer 54, 276-277
Meeresschildkröte 140-141
Melanin 202
Menorah 244
Merkur 16, 20, 35
Metamorphose 146-147
Meteore 32
Meteorite 32, 97
Miesmuschel 156
Milchstraße 14
Mohammed 245
Mohnblume 108
Molche 144
Mond 10, 24-25
Monde 26, 28, 29, 30, 31
Mongolei 230
Moose 118-119
Moscheen 245
Motorräder 264, 265
Motten 160-161
Murmeltier 185
Muscheln 78-79, 140-141, 156-157
Muskeln 206-207, 220
Muslime 245

N

Nabelschnur 217
Nadelbäume 117
Nagetiere 184-185
Nahrung 128-129, 214-215, 237-239
Narzisse 106
Nashorn 193
Navajo 242
Nektar 110, 158
Neptun 17, 30
Nerven 203-205
Nesseln 127
Nester 91, 174-175
Niesen 209
Nilpferd 188
Nomaden 230
Nordpol 68-69
Nudeln 239
Nüsse 113

O

Oasen 67
Opossum 187
Orange 113
Orang-Utan 179
Orchidee 109, 111
Ostereier 247
Otter 188

P

Panda 193
Papagei 62
Papageientaucher 172
Periskop 277
Pferd 99, 182, 256

Pfirsisch 115
Pflanzen 49, 104-107, 120-131
Pilze 63, 105, 118
Pinguin 68, 173
Pizza 239
Planeten 16-17, 20-22, 26-31
Plastik 235
Pluto 17, 30, 31
Polizei 282
Pollen 110-111
Pompei 44
Präriehund 65
Primaten 178-179
Propeller 276-277
Pterosaurier 94-95
Puls 199
Puppen 161

Q

Quallen 153

R

Raketen 34-35, 38-39
Ratte 67, 184
Raumfahrzeuge 34-39
Raumstationen 36-37
Raupen 160-161
Recycling 71
Regen 54-55
Regenbogen 52
Regenwälder 62-63, 104
Regenwurm 162
Reiher 173
Reis 237-239
Reisfelder 237
Religionen 244-246
Rennwagen 264-265
Rentiere 68
Reptilien 77, 81, 90, 92, 94, 96, 134-143
Rettungsfahrzeuge 282-283
Rindenabdruck 117
Ringelwühle 145
Roboter 234
Rose 104
Rosskastanie 115, 116
Rotwild 61, 68
Ruder 276-277
Rüssel (Insekten) 158

S

Salamander 144-145
Samen 110-115, 122
Sand 67, 242
Sari 241
Saturn 17, 28-29
Sauerstoff 107, 208-209
Säugetiere 77, 98-99, 176-191
Saurer Regen 70
Schach 253
Schädel 200, 205
Schaf 236
Schattentheater 250
Schaufelraddampfer 274
Scheren 162
Schiffe 257, 274-275
Schildkröte 140-141
Schilfgras 57, 58, 120
Schiwa 244
Schlaf 220-221
Schlangen 59, 67, 134-137
Schmetterlinge 59, 61, 63, 108, 159, 160-161
Schnabel 167, 172, 173, 191
Schnecken 79, 163
Schnee 48, 55, 68-69
Schwalbe 175
Schwan 172
Schwarzes Loch 11
Schweden 246
Schwein 176-177
Seehund 189
Seestern 155
Seetang 105, 121
Segelflugzeug 281
Sinnesorgane 210-211
Skelett 200-201
Skorpion 79, 162
Sonne 10, 14, 16-23, 25-27, 31, 33, 263
Sonnenkraft 71, 263
Sonnensystem 16-17
Spanien 239
Specht 59, 61, 67
Speiseröhre 215
Sperber 60
Spinnen 163
Sport 201, 252-253
Springflut 47
Sri Lanka 249
Stachelschwein 61
Stalagmiten 50
Stalaktiten 50
Steppen 64-65, 182
Sternbilder 12-13
Sterne 10-15, 18
Straßen 260-261, 272-273
Strauß 167
Südpol 68
Sumpf 58-59, 80-81, 121
Suschi 238

T

Tanker 267
Tarnung 139, 175
Teleskope 12-13
Termiten 159, 190
Tiger 62, 192
Tintenfisch 153
Tornados 53

Traktoren 266
Transporter 261
Trauben 129
Tukan 63, 167
Tunnel 272
Turkmenistan 243

U

U-Boote 276-277
Umweltverschmutzung 70-71
Uranus 17, 30, 31
USA 51, 66-67, 231, 239, 242, 247, 261, 271

V

Venus 16, 20, 21
Venusfliegenfalle 125
Verkehrsmittel 256-283
Virtuelle Realität 251
Vögel 60, 98, 99, 166-175, 192
Vulkane 21, 27, 28, 44-45

W

Wald 60-61
Wale 71, 176, 189
Wanderfalke 167
Waran 139
Waschbär 58
Wasser 54-55
Wasserfälle 42, 56, 57
Wasserlilie 120-121
Wasserschildkröte 58
Weidenkätzchen 111
Weißdorn 112
Wetter 43, 52-53
Wiesen 108-109
Wildhunde 180
Wildschwein 60
Wind 53
Windpocken 222
Wirbelsäule 200, 205
Wolf 180
Wolken 53-55
Wolle 236, 243
Wurzeln 106, 121
Wüsten 50, 66-67, 130

Z

Zahnarzt 213
Zahnbelag 213
Zähne 212-213
Zapfen 115
Zaunkönig 166
Zebra 65
Ziege 48
Zuckerrübe 106
Züge 256, 270-271
Zunge 135, 139, 145, 190, 212
Zwillinge 197

Danksagungen

Der Herausgeber dankt folgenden Künstlern für ihre Beiträge:

Hemesh Alles, Marion Appleton, Mike Atkinson, Craig Austin, Julian Baker, Julie Banyard, John Barber, Andrew Beckett, Tim Beer, Richard Bonson, Derick Bown, Maggie Brand, Derek Brazell, Peter Bull, John Butler, Martin Camm, Jim Channel, Robin Carter, Adrian Chesterman, Dan Cole, Jeanne Colville, Tom Connell, Joanne Cowne, Peter Dennis, Sandra Doyle, Richard Draper, Brin Edwards, Colin Emberson, Diane Fawcett, James Field, Michael Fisher, Chris Fobey, Chris Forsey, Andrew French, Terence J. Gabbey, Peter Goodfellow, Ruby Green, Ray Grinaway, Terry Hadler, Nick Hawken, Tim Hayward, Karen Hiscock, David Holmes, Steve Holmes, Adam Hook, Christian Hook, Liza Horstman, Biz Hull, Mark Iley, Ian Jackson, Rob Jobson, Kevin Jones, Pete Kelly, Roger Kent, Tony Kenyon, David Kerney, Deborah Kindred, Steve Kirk, Mike Lacey, Stuart Lafford, Terence Lambert, Ruth Lindsay, Bernard Long, Chris Lyon, Kevin Maddison, Alan Male, Adam Marshall, Josephine Martin, Davic McAllister, Doreen McGuiness, Eva Melhuish, Steve Noon, Chris Orr, Nicki Palin, Darren Pattenden, Bruce Pearson, Liz Pepperell, Jane Pickering, Maurice Pledger, John Potter, Nigel Quigley, Sebastian Quigley, Elizabeth Rice, John Ridyard, John Rignall, Gordon Riley, Bernard Robinson, Eric Robinson, Eric Robson, Mike Roffe, David Russell, Mike Saunders, John Scory, Stephen Seymour, Rob Shone, Guy Smith, Clive Spong, Mark Stewart, Charlotte Stowell, Lucy Su, Treve Tamblin, Myke Taylor, Ian Thompson, Jean Paul Tibbles, Chris Turnball, Richard Ward, Ross Watton, Phil Weare, Rhian West James, Steve Weston, Lynne Willey, Ann Winterbotham, David Woods, Dan Wright, David Wright

Alle Bemühungen wurden unternommen, alle beitragenden Künstler vollständig zu nennen. Der Herausgeber entschuldigt sich für mögliche Auslassungen, kann aber keine Gewähr auf Vollständigkeit übernehmen.